TURKSE WOORDENSCHAT
nieuwe woorden leren

T&P Books woordenlijsten zijn bedoeld om u te helpen vreemde woorden te leren, te onthouden, en te bestuderen. De woordenschat bevat meer dan 7000 veel gebruikte woorden die thematisch geordend zijn.

- De woordenlijst bevat de meest gebruikte woorden
- Aanbevolen als aanvulling bij welke taalcursus dan ook
- Voldoet aan de behoeften van de beginnende en gevorderde student in vreemde talen
- Geschikt voor dagelijks gebruik, bestudering en zelftestactiviteiten
- Maakt het mogelijk om uw woordenschat te evalueren

Bijzondere kenmerken van de woordenschat

- De woorden zijn gerangschikt naar hun betekenis, niet volgens alfabet
- De woorden worden weergegeven in drie kolommen om bestudering en zelftesten te vergemakkelijken
- Woorden in groepen worden verdeeld in kleine blokken om het leerproces te vergemakkelijken
- De woordenschat biedt een handige en eenvoudige beschrijving van elk buitenlands woord

De woordenschat bevat 198 onderwerpen zoals:

Basisconcepten, getallen, kleuren, maanden, seizoenen, meeteenheden, kleding en accessoires, eten & voeding, restaurant, familieleden, verwanten, karakter, gevoelens, emoties, ziekten, stad, dorp, bezienswaardigheden, winkelen, geld, huis, thuis, kantoor, werken op kantoor, import & export, marketing, werk zoeken, sport, onderwijs, computer, internet, gereedschap, natuur, landen, nationaliteiten en meer …

INHOUDSOPGAVE

TURKS
WOORDENSCHAT

NEDERLANDS
TURKS

De meest bruikbare woorden
Om uw woordenschat uit te breiden en
uw taalvaardigheid aan te scherpen

7000 woorden

Thematische woordenschat Nederlands-Turks - 7000 woorden

Door Andrey Taranov

Woordenlijsten van T&P Books zijn bedoeld om u woorden van een vreemde taal te helpen leren, onthouden, en bestudering. Dit woordenboek is ingedeeld in thema's en behandelt alle belangrijk terreinen van het dagelijkse leven, bedrijven, wetenschap, cultuur, etc.

Het proces van het leren van woorden met behulp van de op thema's gebaseerde aanpak van T&P Books biedt u de volgende voordelen:

- Correct gegroepeerde informatie is bepalend voor succes bij opeenvolgende stadia van het leren van woorden
- De beschikbaarheid van woorden die van dezelfde stam zijn maakt het mogelijk om woordgroepen te onthouden (in plaats van losse woorden)
- Kleine groepen van woorden faciliteren het proces van het aanmaken van associatieve verbindingen, die nodig zijn bij het consolideren van de woordenschat
- Het niveau van talenkennis kan worden ingeschat door het aantal geleerde woorden

T&P Books Publishing
www.tpbooks.com

ISBN: 978-1-78492-323-5

Dit boek is ook beschikbaar in e-boek formaat.
Gelieve www.tpbooks.com te bezoeken of de belangrijkste online boekwinkels.

UITSPRAAKGIDS

T&P fonetisch alfabet	Turks voorbeeld	Nederlands voorbeeld

Klinkers

[a]	akşam [akʃam]	acht
[e]	kemer [kemer]	excuseren, hebben
[i]	bitki [bitki]	bidden, tint
[ı]	fırıncı [fɪrɪndʒɪ]	iemand, die
[o]	foto [foto]	overeenkomst
[u]	kurşun [kurʃun]	hoed, doe
[ø]	römorkör [rømorkør]	neus, beu
[y]	cümle [dʒymle]	fuut, uur

Medeklinkers

[b]	baba [baba]	hebben
[d]	ahududu [ahududu]	Dank u, honderd
[dʒ]	acil [adʒil]	jeans, jungle
[f]	felsefe [felsefe]	feestdag, informeren
[g]	guguk [guguk]	goal, tango
[ʒ]	Japon [ʒapon]	journalist, rouge
[j]	kayak [kajak]	New York, januari
[h]	merhaba [merhaba]	het, herhalen
[k]	okumak [okumak]	kennen, kleur
[l]	sağlıklı [saalɪklɪ]	delen, luchter
[m]	mermer [mermer]	morgen, etmaal
[n]	nadiren [nadiren]	nemen, zonder
[p]	papaz [papaz]	parallel, koper
[r]	rehber [rehber]	roepen, breken
[s]	saksağan [saksaan]	spreken, kosten
[ʃ]	şalgam [ʃalgam]	shampoo, machine
[t]	takvim [takvim]	tomaat, taart
[tʃ]	çelik [tʃelik]	Tsjechië, cello
[v]	Varşova [varʃova]	beloven, schrijven
[z]	kuzey [kuzej]	zeven, zesde

AFKORTINGEN
gebruikt in de woordenschat

Nederlandse afkortingen

abn	-	als bijvoeglijk naamwoord
bijv.	-	bijvoorbeeld
bn	-	bijvoeglijk naamwoord
bw	-	bijwoord
enk.	-	enkelvoud
enz.	-	enzovoort
form.	-	formele taal
inform.	-	informele taal
mann.	-	mannelijk
mil.	-	militair
mv.	-	meervoud
on.ww.	-	onovergankelijk werkwoord
ontelb.	-	ontelbaar
ov.	-	over
ov.ww.	-	overgankelijk werkwoord
telb.	-	telbaar
vn	-	voornaamwoord
vrouw.	-	vrouwelijk
vw	-	voegwoord
vz	-	voorzetsel
wisk.	-	wiskunde
ww	-	werkwoord

Nederlandse artikelen

de	-	gemeenschappelijk geslacht
de/het	-	gemeenschappelijk geslacht, onzijdig
het	-	onzijdig

BASISBEGRIPPEN

Basisbegrippen Deel 1

1. Voornaamwoorden

ik	ben	[ben]
jij, je	sen	[sen]
hij, zij, het	o	[o]
wij, we	biz	[biz]
jullie	siz	[siz]
zij, ze	onlar	[onlar]

2. Begroetingen. Begroetingen. Afscheid

Hallo! Dag!	Selam!	[selam]
Hallo!	Merhaba!	[merhaba]
Goedemorgen!	Günaydın!	[gynajdın]
Goedemiddag!	İyi günler!	[iji gynler]
Goedenavond!	İyi akşamlar!	[iji akʃamlar]
gedag zeggen (groeten)	selam vermek	[selam vermek]
Hoi!	Selam!, Merhaba!	[selam], [merhaba]
groeten (het)	selam	[selam]
verwelkomen (ww)	selamlamak	[selamlamak]
Hoe gaat het?	Nasılsın?	[nasılsın]
Is er nog nieuws?	Ne var ne yok?	[ne var ne jok]
Dag! Tot ziens!	Hoşça kalın!	[hoʃdʒa kalın]
Tot snel! Tot ziens!	Görüşürüz!	[gøryʃyryz]
Vaarwel! (inform.)	Güle güle!	[gyle gyle]
Vaarwel! (form.)	Elveda!	[elveda]
afscheid nemen (ww)	vedalaşmak	[vedalaʃmak]
Tot kijk!	Hoşça kal!	[hoʃtʃa kal]
Dank u!	Teşekkür ederim!	[teʃekkyr ederim]
Dank u wel!	Çok teşekkür ederim!	[tʃok teʃekkyr ederim]
Graag gedaan	Rica ederim	[ridʒa ederim]
Geen dank!	Bir şey değil	[bir ʃej deil]
Geen moeite.	Estağfurullah	[estaafurulla]
Excuseer me, ... (inform.)	Affedersin!	[afedersin]
Excuseer me, ... (form.)	Affedersiniz!	[afedersiniz]
excuseren (verontschuldigen)	affetmek	[afetmek]
zich verontschuldigen	özür dilemek	[øzyr dilemek]
Mijn excuses.	Özür dilerim	[øzyr dilerim]

Het spijt me!	Affedersiniz!	[afedersiniz]
vergeven (ww)	affetmek	[afetmek]
alsjeblieft	lütfen	[lytfen]

Vergeet het niet!	Unutmayın!	[unutmajın]
Natuurlijk!	Kesinlikle!	[kesinlikte]
Natuurlijk niet!	Tabi ki hayır!	[tabi ki hajır]
Akkoord!	Tamam!	[tamam]
Zo is het genoeg!	Yeter artık!	[jeter artık]

3. Kardinale getallen. Deel 1

nul	sıfır	[sıfır]
een	bir	[bir]
twee	iki	[iki]
drie	üç	[ytʃ]
vier	dört	[dørt]

vijf	beş	[beʃ]
zes	altı	[altı]
zeven	yedi	[jedi]
acht	sekiz	[sekiz]
negen	dokuz	[dokuz]

tien	on	[on]
elf	on bir	[on bir]
twaalf	on iki	[on iki]
dertien	on üç	[on ytʃ]
veertien	on dört	[on dørt]

vijftien	on beş	[on beʃ]
zestien	on altı	[on altı]
zeventien	on yedi	[on jedi]
achttien	on sekiz	[on sekiz]
negentien	on dokuz	[on dokuz]

twintig	yirmi	[jirmi]
eenentwintig	yirmi bir	[jirmi bir]
tweeëntwintig	yirmi iki	[jirmi iki]
drieëntwintig	yirmi üç	[jirmi ytʃ]

dertig	otuz	[otuz]
eenendertig	otuz bir	[otuz bir]
tweeëndertig	otuz iki	[otuz iki]
drieëndertig	otuz üç	[otuz ytʃ]

veertig	kırk	[kırk]
eenenveertig	kırk bir	[kırk bir]
tweeënveertig	kırk iki	[kırk iki]
drieënveertig	kırk üç	[kırk ytʃ]

vijftig	elli	[elli]
eenenvijftig	elli bir	[elli bir]
tweeënvijftig	elli iki	[elli iki]

drieënvijftig	elli üç	[elli ytʃ]
zestig	altmış	[altmıʃ]
eenenzestig	altmış bir	[altmıʃ bir]
tweeënzestig	altmış iki	[altmıʃ iki]
drieënzestig	altmış üç	[altmıʃ ytʃ]

zeventig	yetmiş	[jetmiʃ]
eenenzeventig	yetmiş bir	[jetmiʃ bir]
tweeënzeventig	yetmiş iki	[jetmiʃ iki]
drieënzeventig	yetmiş üç	[jetmiʃ ytʃ]

tachtig	seksen	[seksen]
eenentachtig	seksen bir	[seksen bir]
tweeëntachtig	seksen iki	[seksen iki]
drieëntachtig	seksen üç	[seksen ytʃ]

negentig	doksan	[doksan]
eenennegentig	doksan bir	[doksan bir]
tweeënnegentig	doksan iki	[doksan iki]
drieënnegentig	doksan üç	[doksan ytʃ]

4. Kardinale getallen. Deel 2

honderd	yüz	[juz]
tweehonderd	iki yüz	[iki juz]
driehonderd	üç yüz	[ytʃ juz]
vierhonderd	dört yüz	[dørt juz]
vijfhonderd	beş yüz	[beʃ juz]

zeshonderd	altı yüz	[altı juz]
zevenhonderd	yedi yüz	[jedi juz]
achthonderd	sekiz yüz	[sekiz juz]
negenhonderd	dokuz yüz	[dokuz juz]

duizend	bin	[bin]
tweeduizend	iki bin	[iki bin]
drieduizend	üç bin	[ytʃ bin]
tienduizend	on bin	[on bin]
honderdduizend	yüz bin	[juz bin]
miljoen (het)	milyon	[miljon]
miljard (het)	milyar	[miljar]

5. Getallen. Breuken

breukgetal (het)	kesir	[kesir]
half	yarım	[jarım]
een derde	üçte bir	[ytʃte bir]
kwart	dörtte bir	[dørtte bir]
een achtste	sekizde bir	[sekizde bir]
een tiende	onda bir	[onda bir]
twee derde	üçte iki	[ytʃte iki]
driekwart	dörtte üç	[dørtte ytʃ]

6. Getallen. Eenvoudige berekeningen

aftrekking (de)	çıkarma	[ʧıkarma]
aftrekken (ww)	çıkarmak	[ʧıkarmak]
deling (de)	bölme	[bølme]
delen (ww)	bölmek	[bølmek]

optelling (de)	toplama	[toplama]
erbij optellen (bij elkaar voegen)	toplamak	[toplamak]
optellen (ww)	katmak	[katmak]
vermenigvuldiging (de)	çarpma	[ʧarpma]
vermenigvuldigen (ww)	çarpmak	[ʧarpmak]

7. Getallen. Diversen

cijfer (het)	rakam	[rakam]
nummer (het)	sayı	[sajı]
telwoord (het)	sayı, rakam	[sajı], [rakam]
minteken (het)	eksi	[eksi]
plusteken (het)	artı	[artı]
formule (de)	formül	[formyl]

berekening (de)	hesaplama	[hesaplama]
tellen (ww)	saymak	[sajmak]
bijrekenen (ww)	hesaplamak	[hesaplamak]
vergelijken (ww)	karşılaştırmak	[karʃılaʃtırmak]

Hoeveel? (ontelb.)	Kaç?	[kaʧ]
Hoeveel? (telb.)	Ne kadar?	[ne kadar]

som (de), totaal (het)	toplam	[toplam]
uitkomst (de)	sonuç	[sonuʧ]
rest (de)	kalan	[kalan]

enkele (bijv. ~ minuten)	birkaç	[birkaʧ]
weinig (bw)	biraz	[biraz]
restant (het)	geri kalan	[geri kalan]
anderhalf	bir buçuk	[bir buʧuk]
dozijn (het)	düzine	[dyzine]

middendoor (bw)	yarı yarıya	[jarı jarıja]
even (bw)	eşit olarak	[eʃit olarak]
helft (de)	yarım	[jarım]
keer (de)	kere	[kere]

8. De belangrijkste werkwoorden. Deel 1

aanbevelen (ww)	tavsiye etmek	[tavsije etmek]
aandringen (ww)	ısrar etmek	[ısrar etmek]
aankomen (per auto, enz.)	gelmek	[gelmek]

aanraken (ww)	**ellemek**	[ellemek]
adviseren (ww)	**tavsiye etmek**	[tavsije etmek]

afdalen (on.ww.)	**aşağı inmek**	[aʃaɪ inmek]
afslaan (naar rechts ~)	**dönmek**	[dønmek]
antwoorden (ww)	**cevap vermek**	[dʒevap vermek]
bang zijn (ww)	**korkmak**	[korkmak]
bedreigen	**tehdit etmek**	[tehdit etmek]
(bijv. met een pistool)		

bedriegen (ww)	**aldatmak**	[aldatmak]
beëindigen (ww)	**bitirmek**	[bitirmek]
beginnen (ww)	**başlamak**	[baʃlamak]
begrijpen (ww)	**anlamak**	[anlamak]
beheren (managen)	**yönetmek**	[jønetmek]

beledigen	**hakaret etmek**	[hakaret etmek]
(met scheldwoorden)		
beloven (ww)	**vaat etmek**	[vaat etmek]
bereiden (koken)	**pişirmek**	[piʃirmek]
bespreken (spreken over)	**görüşmek**	[gøryʃmek]

bestellen (eten ~)	**sipariş etmek**	[spariʃ etmek]
bestraffen (een stout kind ~)	**cezalandırmak**	[dʒezalandɪrmak]
betalen (ww)	**ödemek**	[ødemek]
betekenen (beduiden)	**anlamına gelmek**	[anlamına gelmek]
betreuren (ww)	**üzülmek**	[yzylmek]

bevallen (prettig vinden)	**hoşlanmak**	[hoʃlanmak]
bevelen (mil.)	**emretmek**	[emretmek]
bevrijden (stad, enz.)	**serbest bırakmak**	[serbest bɪrakmak]
bewaren (ww)	**saklamak**	[saklamak]
bezitten (ww)	**sahip olmak**	[sahip olmak]

bidden (praten met God)	**dua etmek**	[dua etmek]
binnengaan (een kamer ~)	**girmek**	[girmek]
breken (ww)	**kırmak**	[kɪrmak]
controleren (ww)	**kontrol etmek**	[kontrol etmek]
creëren (ww)	**oluşturmak**	[oluʃturmak]

deelnemen (ww)	**katılmak**	[katılmak]
denken (ww)	**düşünmek**	[dyʃynmek]
doden (ww)	**öldürmek**	[øldyrmek]
doen (ww)	**yapmak, etmek**	[japmak], [etmek]
dorst hebben (ww)	**içmek istemek**	[itʃmek istemek]

9. De belangrijkste werkwoorden. Deel 2

een hint geven	**ipucu vermek**	[ipudʒu vermek]
eisen (met klem vragen)	**talep etmek**	[talep etmek]
excuseren (vergeven)	**affetmek**	[afetmek]
existeren (bestaan)	**var olmak**	[var olmak]
gaan (te voet)	**yürümek, gitmek**	[jurymek], [gitmek]
gaan zitten (ww)	**oturmak**	[oturmak]

gaan zwemmen	suya girmek	[suja girmek]
geven (ww)	vermek	[vermek]
glimlachen (ww)	gülümsemek	[gylymsemek]
goed raden (ww)	doğru tahmin etmek	[dooru tahmin etmek]

grappen maken (ww)	şaka yapmak	[ʃaka japmak]
graven (ww)	kazmak	[kazmak]

hebben (ww)	sahip olmak	[sahip olmak]
helpen (ww)	yardım etmek	[jardım etmek]
herhalen (opnieuw zeggen)	tekrar etmek	[tekrar etmek]
honger hebben (ww)	yemek istemek	[jemek istemek]

hopen (ww)	ummak	[ummak]
horen	duymak	[dujmak]
(waarnemen met het oor)		
huilen (wenen)	ağlamak	[aalamak]
huren (huis, kamer)	kiralamak	[kiralamak]
informeren (informatie geven)	bilgi vermek	[bilgi vermek]

instemmen (akkoord gaan)	razı olmak	[razı olmak]
jagen (ww)	avlamak	[avlamak]
kennen (kennis hebben	tanımak	[tanımak]
van iemand)		
kiezen (ww)	seçmek	[setʃmek]
klagen (ww)	şikayet etmek	[ʃikajet etmek]

kosten (ww)	değerinde olmak	[deerinde olmak]
kunnen (ww)	yapabilmek	[japabilmek]
lachen (ww)	gülmek	[gylmek]
laten vallen (ww)	düşürmek	[dyʃyrmek]
lezen (ww)	okumak	[okumak]

liefhebben (ww)	sevmek	[sevmek]
lunchen (ww)	öğle yemeği yemek	[ø:le jemei jemek]
nemen (ww)	almak	[almak]
nodig zijn (ww)	gerekmek	[gerekmek]

10. De belangrijkste werkwoorden. Deel 3

onderschatten (ww)	değerini bilmemek	[deerini bilmemek]
ondertekenen (ww)	imzalamak	[imzalamak]
ontbijten (ww)	kahvaltı yapmak	[kahvaltı japmak]
openen (ww)	açmak	[atʃmak]
ophouden (ww)	durdurmak	[durdurmak]
opmerken (zien)	farketmek	[farketmek]

opscheppen (ww)	övünmek	[øvynmek]
opschrijven (ww)	not almak	[not almak]
plannen (ww)	planlamak	[planlamak]
prefereren (verkiezen)	tercih etmek	[terdʒih etmek]
proberen (trachten)	denemek	[denemek]
redden (ww)	kurtarmak	[kurtarmak]
rekenen op ...	... güvenmek	[gyvenmek]

17

rennen (ww)	koşmak	[koʃmak]
reserveren	rezerve etmek	[rezerve etmek]
(een hotelkamer ~)		
roepen (om hulp)	çağırmak	[ʧaɪrmak]
schieten (ww)	ateş etmek	[ateʃ etmek]
schreeuwen (ww)	bağırmak	[baɪrmak]

schrijven (ww)	yazmak	[jazmak]
souperen (ww)	akşam yemeği yemek	[akʃam jemei jemek]
spelen (kinderen)	oynamak	[ojnamak]
spreken (ww)	konuşmak	[konuʃmak]
stelen (ww)	çalmak	[ʧalmak]
stoppen (pauzeren)	durmak	[durmak]

studeren (Nederlands ~)	öğrenmek	[øːrenmek]
sturen (zenden)	göndermek	[gøndermek]
tellen (optellen)	saymak	[sajmak]
toebehoren aan ...	... ait olmak	[ait olmak]
toestaan (ww)	izin vermek	[izin vermek]
tonen (ww)	göstermek	[gøstermek]

twijfelen (onzeker zijn)	tereddüt etmek	[tereddyt etmek]
uitgaan (ww)	çıkmak	[ʧɪkmak]
uitnodigen (ww)	davet etmek	[davet etmek]
uitspreken (ww)	telâffuz etmek	[telafuz etmek]
uitvaren tegen (ww)	sövmek	[søvmek]

11. De belangrijkste werkwoorden. Deel 4

vallen (ww)	düşmek	[dyʃmek]
vangen (ww)	tutmak	[tutmak]
veranderen (anders maken)	değiştirmek	[deiʃtirmek]
verbaasd zijn (ww)	şaşırmak	[ʃaʃɪrmak]
verbergen (ww)	saklamak	[saklamak]

verdedigen (je land ~)	savunmak	[savunmak]
verenigen (ww)	birleştirmek	[birleʃtirmek]
vergelijken (ww)	karşılaştırmak	[karʃılaʃtırmak]
vergeten (ww)	unutmak	[unutmak]
vergeven (ww)	affetmek	[afetmek]

verklaren (uitleggen)	izah etmek	[izah etmek]
verkopen (per stuk ~)	satmak	[satmak]
vermelden (praten over)	anmak	[anmak]
versieren (decoreren)	süslemek	[syslemek]
vertalen (ww)	çevirmek	[ʧevirmek]

vertrouwen (ww)	güvenmek	[gyvenmek]
vervolgen (ww)	devam etmek	[devam etmek]
verwarren (met elkaar ~)	ayırt edememek	[ajırt edememek]
verzoeken (ww)	rica etmek	[ridʒa etmek]
verzuimen (school, enz.)	gelmemek	[gelmemek]
vinden (ww)	bulmak	[bulmak]
vliegen (ww)	uçmak	[uʧmak]

volgen (ww)	... takip etmek	[takip etmek]
voorstellen (ww)	önermek	[ønermek]
voorzien (verwachten)	önceden görmek	[øndʒeden gørmek]
vragen (ww)	sormak	[sormak]

waarnemen (ww)	gözlemlemek	[gøzlemlemek]
waarschuwen (ww)	uyarmak	[ujarmak]
wachten (ww)	beklemek	[beklemek]
weerspreken (ww)	itiraz etmek	[itiraz etmek]
weigeren (ww)	reddetmek	[reddetmek]

werken (ww)	çalışmak	[ʧalɪʃmak]
weten (ww)	bilmek	[bilmek]
willen (verlangen)	istemek	[istemek]
zeggen (ww)	söylemek	[søjlemek]
zich haasten (ww)	acele etmek	[adʒele etmek]

zich interesseren voor ...	ilgilenmek	[ilgilenmek]
zich vergissen (ww)	hata yapmak	[hata japmak]
zich verontschuldigen	özür dilemek	[øzyr dilemek]
zien (ww)	görmek	[gørmek]

zoeken (ww)	aramak	[aramak]
zwemmen (ww)	yüzmek	[juzmek]
zwijgen (ww)	susmak	[susmak]

12. Kleuren

kleur (de)	renk	[renk]
tint (de)	renk tonu	[renk tonu]
kleurnuance (de)	renk tonu	[renk tonu]
regenboog (de)	gökkuşağı	[gøkkuʃaɪ]

wit (bn)	beyaz	[bejaz]
zwart (bn)	siyah	[sijah]
grijs (bn)	gri	[gri]

groen (bn)	yeşil	[jeʃil]
geel (bn)	sarı	[sarɪ]
rood (bn)	kırmızı	[kɪrmɪzɪ]

blauw (bn)	mavi	[mavi]
lichtblauw (bn)	açık mavi	[aʧɪk mavi]
roze (bn)	pembe	[pembe]
oranje (bn)	turuncu	[turundʒu]
violet (bn)	mor	[mor]
bruin (bn)	kahve rengi	[kahve rengi]

goud (bn)	altın	[altɪn]
zilverkleurig (bn)	gümüşü	[gymyʃy]

beige (bn)	bej rengi	[beʒ rengi]
roomkleurig (bn)	krem rengi	[krem rengi]
turkoois (bn)	turkuaz	[turkuaz]

kersrood (bn)	vişne rengi	[viʃne rengi]
lila (bn)	leylak rengi	[lejlak rengi]
karmijnrood (bn)	koyu kırmızı	[koju kırmızı]

licht (bn)	açık	[atʃık]
donker (bn)	koyu	[koju]
fel (bn)	parlak	[parlak]

kleur-, kleurig (bn)	renkli	[renkli]
kleuren- (abn)	renkli	[renkli]
zwart-wit (bn)	siyah-beyaz	[sijah bejaz]
eenkleurig (bn)	tek renkli	[tek renkli]
veelkleurig (bn)	rengârenk	[rengjarenk]

13. Vragen

Wie?	Kim?	[kim]
Wat?	Ne?	[ne]
Waar?	Nerede?	[nerede]
Waarheen?	Nereye?	[nereje]
Waarvandaan?	Nereden?	[nereden]
Wanneer?	Ne zaman?	[ne zaman]
Waarom?	Neden?	[neden]
Waarom?	Neden?	[neden]

Waarvoor dan ook?	Ne için?	[ne itʃin]
Hoe?	Nasıl?	[nasıl]
Wat voor ...?	Hangi?	[hangi]
Welk?	Kaçıncı?	[katʃındʒı]

Aan wie?	Kime?	[kime]
Over wie?	Kim hakkında?	[kim hakında]
Waarover?	Ne hakkında?	[ne hakında]
Met wie?	Kimle?	[kimle]

| Hoeveel? (ontelb.) | Kaç? | [katʃ] |
| Van wie? (mann.) | Kimin? | [kimin] |

14. Functiewoorden. Bijwoorden. Deel 1

Waar?	Nerede?	[nerede]
hier (bw)	burada	[burada]
daar (bw)	orada	[orada]

| ergens (bw) | bir yerde | [bir jerde] |
| nergens (bw) | hiç bir yerde | [hitʃ birj jerde] |

| bij ... (in de buurt) | ... yanında | [janında] |
| bij het raam | pencerenin yanında | [pendʒerenin janında] |

| Waarheen? | Nereye? | [nereje] |
| hierheen (bw) | buraya | [buraja] |

daarheen (bw)	oraya	[oraja]
hiervandaan (bw)	buradan	[buradan]
daarvandaan (bw)	oradan	[oradan]

dichtbij (bw)	yakında	[jakında]
ver (bw)	uzağa	[uzaa]

in de buurt (van ...)	yakında	[jakında]
dichtbij (bw)	yakınında	[jakınında]
niet ver (bw)	civarında	[ʤivarında]

linker (bn)	sol	[sol]
links (bw)	solda	[solda]
linksaf, naar links (bw)	sola	[sola]

rechter (bn)	sağ	[saa]
rechts (bw)	sağda	[saada]
rechtsaf, naar rechts (bw)	sağa	[saa]

vooraan (bw)	önde	[ønde]
voorste (bn)	ön	[øn]
vooruit (bw)	ileri	[ilerl]

achter (bw)	arkada	[arkada]
van achteren (bw)	arkadan	[arkadan]
achteruit (naar achteren)	geriye	[gerije]

midden (het)	orta	[orta]
in het midden (bw)	ortasında	[ortasında]

opzij (bw)	kenarda	[kenarda]
overal (bw)	her yerde	[her jerde]
omheen (bw)	çevrede	[ʧevrede]

binnenuit (bw)	içeriden	[iʧeriden]
naar ergens (bw)	bir yere	[bir jere]
rechtdoor (bw)	dosdoğru	[dosdooru]
terug (bijv. ~ komen)	geri	[geri]

ergens vandaan (bw)	bir yerden	[bir jerden]
ergens vandaan (en dit geld moet ~ komen)	bir yerden	[bir jerden]

ten eerste (bw)	ilk olarak	[ilk olarak]
ten tweede (bw)	ikinci olarak	[ikinʤi olarak]
ten derde (bw)	üçüncü olarak	[yʧynʤy olarak]

plotseling (bw)	birdenbire	[birdenbire]
in het begin (bw)	başlangıçta	[baʃlangıʧta]
voor de eerste keer (bw)	ilk kez	[ilk kez]
lang voor ... (bw)	çok daha önce ...	[ʧok daa ønʤe]
opnieuw (bw)	yeniden	[jeniden]
voor eeuwig (bw)	sonsuza kadar	[sonsuza kadar]

nooit (bw)	hiçbir zaman	[hiʧbir zaman]
weer (bw)	tekrar	[tekrar]

nu (bw)	şimdi	[ʃimdi]
vaak (bw)	sık	[sɪk]
toen (bw)	o zaman	[o zaman]
urgent (bw)	acele	[adʒele]
meestal (bw)	genellikle	[genellikle]

trouwens, ... (tussen haakjes)	aklıma gelmişken, ...	[aklıma gelmiʃken]
mogelijk (bw)	mümkündür	[mymkyndyr]
waarschijnlijk (bw)	muhtemelen	[muhtemelen]
misschien (bw)	olabilir	[olabilir]
trouwens (bw)	ayrıca ...	[ajrɪdʒa]
daarom ...	onun için	[onun itʃin]
in weerwil van ...	rağmen ...	[raamen]
dankzij ...	... sayesinde	[sajesinde]

wat (vn)	ne	[ne]
dat (vw)	... -ki, ... -dığı, ... -diği	[ki], [dɪːɪ], [diːi]
iets (vn)	bir şey	[bir ʃej]
iets	bir şey	[bir ʃej]
niets (vn)	hiçbir şey	[hitʃbir ʃej]

wie (~ is daar?)	kim	[kim]
iemand (een onbekende)	birisi	[birisɪ]
iemand (een bepaald persoon)	birisi	[birisɪ]

niemand (vn)	hiç kimse	[hitʃ kimse]
nergens (bw)	hiçbir yere	[hitʃbir jere]
niemands (bn)	kimsesiz	[kimsesiz]
iemands (bn)	birinin	[birinin]

zo (Ik ben ~ blij)	öylesine	[øjlesine]
ook (evenals)	dahi, ayrıca	[dahi], [ajrɪdʒa]
alsook (eveneens)	da	[da]

15. Functiewoorden. Bijwoorden. Deel 2

Waarom?	Neden?	[neden]
om een bepaalde reden	nedense	[nedense]
omdat ...	çünkü	[tʃynky]
voor een bepaald doel	her nedense	[her nedense]

en (vw)	ve	[ve]
of (vw)	veya	[veja]
maar (vw)	fakat	[fakat]
voor (vz)	için	[itʃin]

te (~ veel mensen)	fazla	[fazla]
alleen (bw)	ancak	[andʒak]
precies (bw)	tam	[tam]
ongeveer (~ 10 kg)	yaklaşık	[jaklaʃık]
omstreeks (bw)	yaklaşık olarak	[jaklaʃık olarak]
bij benadering (bn)	yaklaşık	[jaklaʃık]

bijna (bw)	hemen	[hemen]
rest (de)	geri kalan	[geri kalan]

elk (bn)	her biri	[her biri]
om het even welk	herhangi biri	[herhangi biri]
veel (grote hoeveelheid)	çok	[tʃok]
veel mensen	birçokları	[birtʃokları]
iedereen (alle personen)	hepsi, herkes	[hepsi], [herkez]

in ruil voor ...	... karşılık olarak	[karʃılık olarak]
in ruil (bw)	yerine	[jerine]
met de hand (bw)	elle, el ile	[elle], [el ile]
onwaarschijnlijk (bw)	şüpheli	[ʃypheli]

waarschijnlijk (bw)	galiba	[galiba]
met opzet (bw)	mahsus	[mahsus]
toevallig (bw)	tesadüfen	[tesadyfen]

zeer (bw)	pek	[pek]
bijvoorbeeld (bw)	mesela	[mesela]
tussen (~ twee steden)	arasında	[arasında]
tussen (te midden van)	ortasında	[ortasında]
zoveel (bw)	kadar	[kadar]
vooral (bw)	özellikle	[øzelikle]

23

Basisbegrippen Deel 2

16. Tegenovergestelden

rijk (bn)	zengin	[zengin]
arm (bn)	fakir	[fakir]
ziek (bn)	hasta	[hasta]
gezond (bn)	sağlıklı	[saalıklı]
groot (bn)	büyük	[byjuk]
klein (bn)	küçük	[kytʃuk]
snel (bw)	çabuk	[tʃabuk]
langzaam (bw)	yavaş	[javaʃ]
snel (bn)	hızlı	[hızlı]
langzaam (bn)	yavaş	[javaʃ]
vrolijk (bn)	neşeli	[neʃeli]
treurig (bn)	üzgün	[yzgyn]
samen (bw)	beraber	[beraber]
apart (bw)	ayrı	[ajrı]
hardop (~ lezen)	sesli	[sesli]
stil (~ lezen)	içinden	[itʃinden]
hoog (bn)	yüksek	[juksek]
laag (bn)	alçak	[altʃak]
diep (bn)	derin	[derin]
ondiep (bn)	sığ	[sı:ı]
ja	evet	[evet]
nee	yok	[jok]
ver (bn)	uzak	[uzak]
dicht (bn)	yakın	[jakın]
ver (bw)	uzağa	[uzaa]
dichtbij (bw)	yakında	[jakında]
lang (bn)	uzun	[uzun]
kort (bn)	kısa	[kısa]
vriendelijk (goedhartig)	iyi kalpli	[iji kalpli]
kwaad (bn)	kötü kalpli	[køty kalpli]
gehuwd (mann.)	evli	[evli]

ongehuwd (mann.)	bekâr	[bekjar]
verbieden (ww)	yasaklamak	[jasaklamak]
toestaan (ww)	izin vermek	[izin vermek]
einde (het)	son	[son]
begin (het)	başlangıç	[baʃlangıtʃ]
linker (bn)	sol	[sol]
rechter (bn)	sağ	[saa]
eerste (bn)	birinci	[birindʒi]
laatste (bn)	en son	[en son]
misdaad (de)	suç	[sutʃ]
bestraffing (de)	ceza	[dʒeza]
bevelen (ww)	emretmek	[emretmek]
gehoorzamen (ww)	itaat etmek	[itaat etmek]
recht (bn)	düz	[dyz]
krom (bn)	eğri	[eeri]
paradijs (het)	cennet	[dʒennet]
hel (de)	cehennem	[dʒehennem]
geboren worden (ww)	doğmak	[doomak]
sterven (ww)	ölmek	[ølmek]
sterk (bn)	güçlü	[gytʃly]
zwak (bn)	zayıf	[zajıf]
oud (bn)	yaşlı	[jaʃlı]
jong (bn)	genç	[gentʃ]
oud (bn)	eski	[eski]
nieuw (bn)	yeni	[jeni]
hard (bn)	sert	[sert]
zacht (bn)	yumuşak	[jumuʃak]
warm (bn)	sıcak	[sıdʒak]
koud (bn)	soğuk	[souk]
dik (bn)	kalın	[kalın]
dun (bn)	zayıf	[zajıf]
smal (bn)	dar	[dar]
breed (bn)	geniş	[geniʃ]
goed (bn)	iyi	[iji]
slecht (bn)	kötü	[køty]
moedig (bn)	cesur	[dʒesur]
laf (bn)	korkak	[korkak]

17. Dagen van de week

maandag (de)	Pazartesi	[pazartesi]
dinsdag (de)	Salı	[salı]
woensdag (de)	Çarşamba	[ʧarʃamba]
donderdag (de)	Perşembe	[perʃembe]
vrijdag (de)	Cuma	[dʒuma]
zaterdag (de)	Cumartesi	[dʒumartesi]
zondag (de)	Pazar	[pazar]

vandaag (bw)	bugün	[bugyn]
morgen (bw)	yarın	[jarın]
overmorgen (bw)	öbür gün	[øbyr gyn]
gisteren (bw)	dün	[dyn]
eergisteren (bw)	evvelki gün	[evvelki gyn]

dag (de)	gün	[gyn]
werkdag (de)	iş günü	[iʃ gyny]
feestdag (de)	bayram günü	[bajram gyny]
verlofdag (de)	tatil günü	[tatil gyny]
weekend (het)	hafta sonu	[hafta sonu]

de hele dag (bw)	bütün gün	[bytyn gyn]
de volgende dag (bw)	ertesi gün	[ertesi gyn]
twee dagen geleden	iki gün önce	[iki gyn øndʒe]
aan de vooravond (bw)	bir gün önce	[bir gyn øndʒe]
dag-, dagelijks (bn)	günlük	[gynlyk]
elke dag (bw)	her gün	[her gyn]

week (de)	hafta	[hafta]
vorige week (bw)	geçen hafta	[geʧen hafta]
volgende week (bw)	gelecek hafta	[geldʒek hafta]
wekelijks (bn)	haftalık	[haftalık]
elke week (bw)	her hafta	[her hafta]
twee keer per week	haftada iki kez	[haftada iki kez]
elke dinsdag	her Salı	[her salı]

18. Uren. Dag en nacht

morgen (de)	sabah	[sabah]
's morgens (bw)	sabahleyin	[sabahlejin]
middag (de)	öğle, gün ortası	[ø:le], [gyn ortası]
's middags (bw)	öğleden sonra	[ø:leden sonra]

avond (de)	akşam	[akʃam]
's avonds (bw)	akşamleyin	[akʃamlejin]
nacht (de)	gece	[gedʒe]
's nachts (bw)	geceleyin	[gedʒelejin]
middernacht (de)	gece yarısı	[gedʒe jarısı]

seconde (de)	saniye	[sanije]
minuut (de)	dakika	[dakika]
uur (het)	saat	[saat]

halfuur (het)	yarım saat	[jarım saat]
kwartier (het)	çeyrek saat	[ʧejrek saat]
vijftien minuten	on beş dakika	[on beʃ dakika]
etmaal (het)	yirmi dört saat	[jirmi dørt saat]

zonsopgang (de)	güneşin doğuşu	[gyneʃin douʃu]
dageraad (de)	şafak	[ʃafak]
vroege morgen (de)	sabah erken	[sabah erken]
zonsondergang (de)	güneş batışı	[gyneʃ batıʃı]

's morgens vroeg (bw)	sabahın köründe	[sabahın kørynde]
vanmorgen (bw)	bu sabah	[bu sabah]
morgenochtend (bw)	yarın sabah	[jarın sabah]

vanmiddag (bw)	bu ikindi	[bu ikindi]
's middags (bw)	öğleden sonra	[ø:leden sonra]
morgenmiddag (bw)	yarın öğleden sonra	[jarın ø:leden sonra]

vanavond (bw)	bu akşam	[bu akʃam]
morgenavond (bw)	yarın akşam	[jarın akʃam]

klokslag drie uur	tam saat üçte	[tam saat yʧte]
ongeveer vier uur	saat dört civarında	[saat dørt ʤivarında]
tegen twaalf uur	saat on ikiye doğru	[saat on ikije dooru]

over twintig minuten	yirmi dakika içinde	[jirmi dakika iʧinde]
over een uur	bir saat sonra	[bir saat sonra]
op tijd (bw)	zamanında	[zamanında]

kwart voor ...	çeyrek kala	[ʧejrek kala]
binnen een uur	bir saat içinde	[bir saat iʧinde]
elk kwartier	her on beş dakika	[her on beʃ dakika]
de klok rond	gece gündüz	[geʤe gyndyz]

19. Maanden. Seizoenen

januari (de)	ocak	[oʤak]
februari (de)	şubat	[ʃubat]
maart (de)	mart	[mart]
april (de)	nisan	[nisan]
mei (de)	mayıs	[majıs]
juni (de)	haziran	[haziran]

juli (de)	temmuz	[temmuz]
augustus (de)	ağustos	[austos]
september (de)	eylül	[ejlyl]
oktober (de)	ekim	[ekim]
november (de)	kasım	[kasım]
december (de)	aralık	[aralık]

lente (de)	ilkbahar	[ilkbahar]
in de lente (bw)	ilkbaharda	[ilkbaharda]
lente- (abn)	ilkbahar	[ilkbahar]
zomer (de)	yaz	[jaz]

27

in de zomer (bw)	yazın	[jazın]
zomer-, zomers (bn)	yaz	[jaz]

herfst (de)	sonbahar	[sonbahar]
in de herfst (bw)	sonbaharda	[sonbaharda]
herfst- (abn)	sonbahar	[sonbahar]

winter (de)	kış	[kıʃ]
in de winter (bw)	kışın	[kıʃin]
winter- (abn)	kış, kışlık	[kıʃ], [kıʃlık]
maand (de)	ay	[aj]
deze maand (bw)	bu ay	[bu aj]
volgende maand (bw)	gelecek ay	[geledʒek aj]
vorige maand (bw)	geçen ay	[getʃen aj]

een maand geleden (bw)	bir ay önce	[bir aj øndʒe]
over een maand (bw)	bir ay sonra	[bir aj sonra]
over twee maanden (bw)	iki ay sonra	[iki aj sonra]
de hele maand (bw)	tüm ay	[tym aj]
een volle maand (bw)	bütün ay	[bytyn aj]

maand-, maandelijks (bn)	aylık	[ajlık]
maandelijks (bw)	her ay	[her aj]
elke maand (bw)	her ay	[her aj]
twee keer per maand	ayda iki kez	[ajda iki kez]

jaar (het)	yıl, sene	[jıl], [sene]
dit jaar (bw)	bu sene, bu yıl	[bu sene], [bu jıl]
volgend jaar (bw)	gelecek sene	[geledʒek sene]
vorig jaar (bw)	geçen sene	[getʃen sene]
een jaar geleden (bw)	bir yıl önce	[bir jıl øndʒe]
over een jaar	bir yıl sonra	[bir jıl sonra]
over twee jaar	iki yıl sonra	[iki jıl sonra]
het hele jaar	tüm yıl	[tym jıl]
een vol jaar	bütün yıl	[bytyn jıl]

elk jaar	her sene	[her sene]
jaar-, jaarlijks (bn)	yıllık	[jıllık]
jaarlijks (bw)	her yıl	[her jıl]
4 keer per jaar	yılda dört kere	[jılda dørt kere]

datum (de)	tarih	[tarih]
datum (de)	tarih	[tarih]
kalender (de)	takvim	[takvim]

een half jaar	yarım yıl	[jarım jıl]
zes maanden	altı ay	[altı aj]
seizoen (bijv. lente, zomer)	mevsim	[mevsim]
eeuw (de)	yüzyıl	[juzjıl]

20. Tijd. Diversen

tijd (de)	zaman, vakit	[zaman], [vakit]
ogenblik (het)	an, ani	[an], [ani]

moment (het)	an	[an]
ogenblikkelijk (bn)	ani	[ani]
tijdsbestek (het)	süre	[syre]
leven (het)	hayat	[hajat]
eeuwigheid (de)	ebedilik	[ebedilik]

epoche (de), tijdperk (het)	devir, çağ	[devir], [t͡ʃaa]
era (de), tijdperk (het)	çağ	[t͡ʃaa]
cyclus (de)	devir	[devir]
periode (de)	süre	[syre]
termijn (vastgestelde periode)	süre	[syre]

toekomst (de)	gelecek	[geled͡ʒek]
toekomstig (bn)	gelecek	[geled͡ʒek]
de volgende keer	gelecek sefer	[geled͡ʒek sefer]
verleden (het)	geçmiş	[get͡ʃmiʃ]
vorig (bn)	geçen	[get͡ʃen]
de vorige keer	geçen sefer	[get͡ʃen sefer]
later (bw)	sonradan	[sonradan]
na (~ het diner)	sonra	[sonra]
tegenwoordig (bw)	bu günlerde	[bu gynlerde]
nu (bw)	şimdi	[ʃimdi]
onmiddellijk (bw)	hemen	[hemen]
snel (bw)	yakında	[jakında]
bij voorbaat (bw)	önceden	[ønd͡ʒeden]

lang geleden (bw)	çoktan	[t͡ʃoktan]
kort geleden (bw)	geçenlerde	[get͡ʃenlerde]
noodlot (het)	kader	[kader]
herinneringen (mv.)	anılar	[anılar]
archief (het)	arşiv	[arʃiv]
tijdens ... (ten tijde van)	... esnasında	[esnasında]
lang (bw)	uzun zaman	[uzun zaman]
niet lang (bw)	kısa bir zaman	[kısa bir zaman]
vroeg (bijv. ~ in de ochtend)	erken	[erken]
laat (bw)	geç	[get͡ʃ]

voor altijd (bw)	ebediyen	[ebedijen]
beginnen (ww)	başlamak	[baʃlamak]
uitstellen (ww)	ertelemek	[ertelemek]

tegelijkertijd (bw)	aynı zamanda	[ajnı zamanda]
voortdurend (bw)	sürekli olarak	[syrekli olarak]
voortdurend	sürekli	[syrekli]
tijdelijk (bn)	geçici	[get͡ʃid͡ʒi]

soms (bw)	bazen	[bazen]
zelden (bw)	nadiren	[nadiren]
vaak (bw)	sık	[sık]

21. Lijnen en vormen

| vierkant (het) | kare | [kare] |
| vierkant (bn) | kare | [kare] |

cirkel (de)	daire	[daire]
rond (bn)	yuvarlak	[juvarlak]
driehoek (de)	üçgen	[ytʃgen]
driehoekig (bn)	üç köşeli	[ytʃ køʃeli]

ovaal (het)	oval	[oval]
ovaal (bn)	oval	[oval]
rechthoek (de)	dikdörtgen	[dikdørtgen]
rechthoekig (bn)	dikdörtgen	[dikdørtgen]

piramide (de)	piramit	[piramit]
ruit (de)	eşkenar dörtgen	[eʃkenar dørtgen]
trapezium (het)	yamuk	[jamuk]
kubus (de)	küp	[kyp]
prisma (het)	prizma	[prizma]

omtrek (de)	çember	[tʃember]
bol, sfeer (de)	küre	[kyre]
bal (de)	küre	[kyre]
diameter (de)	çap	[tʃap]
straal (de)	yarıçap	[jarɪtʃap]
omtrek (~ van een cirkel)	perimetre	[perimetre]
middelpunt (het)	merkez	[merkez]

horizontaal (bn)	yatay	[jataj]
verticaal (bn)	dikey	[dikej]
parallel (de)	paralel	[paralel]
parallel (bn)	paralel	[paralel]

lijn (de)	çizgi	[tʃizgi]
streep (de)	hat	[hat]
rechte lijn (de)	doğru	[dooru]
kromme (de)	eğri	[eeri]
dun (bn)	ince	[indʒe]
omlijning (de)	çevre çizgisi	[tʃevre tʃizgisi]

snijpunt (het)	kesişme	[kesiʃme]
rechte hoek (de)	dik açı	[dik atʃɪ]
segment (het)	daire parçası	[daire partʃasɪ]
sector (de)	daire dilimi	[daire dilimi]
zijde (de)	kenar	[kenar]
hoek (de)	açı	[atʃɪ]

22. Meeteenheden

gewicht (het)	ağırlık	[aɪrlɪk]
lengte (de)	uzunluk	[uzunluk]
breedte (de)	en, genişlik	[en], [geniʃlik]
hoogte (de)	yükseklik	[jukseklik]
diepte (de)	derinlik	[derinlik]
volume (het)	hacim	[hadʒim]
oppervlakte (de)	alan	[alan]
gram (het)	gram	[gram]
milligram (het)	miligram	[miligram]

kilogram (het)	kilogram	[kilogram]
ton (duizend kilo)	ton	[ton]
pond (het)	libre	[libre]
ons (het)	ons	[ons]
meter (de)	metre	[metre]
millimeter (de)	milimetre	[milimetre]
centimeter (de)	santimetre	[santimetre]
kilometer (de)	kilometre	[kilometre]
mijl (de)	mil	[mil]
duim (de)	inç	[intʃ]
voet (de)	kadem	[kadem]
yard (de)	yarda	[jarda]
vierkante meter (de)	metre kare	[metre kare]
hectare (de)	hektar	[hektar]
liter (de)	litre	[litre]
graad (de)	derece	[deredʒe]
volt (de)	volt	[volt]
ampère (de)	amper	[amper]
paardenkracht (de)	beygir gücü	[bejgir gydʒy]
hoeveelheid (de)	miktar	[miktar]
een beetje ...	biraz ...	[biraz]
helft (de)	yarım	[jarım]
dozijn (het)	düzine	[dyzine]
stuk (het)	adet, tane	[adet], [tane]
afmeting (de)	boyut	[bojut]
schaal (bijv. ~ van 1 op 50)	ölçek	[øltʃek]
minimaal (bn)	minimum	[minimum]
minste (bn)	en küçük	[en kytʃuk]
medium (bn)	orta	[orta]
maximaal (bn)	maksimum	[maksimum]
grootste (bn)	en büyük	[en byjuk]

23. Containers

glazen pot (de)	kavanoz	[kavanoz]
blik (conserven~)	teneke	[teneke]
emmer (de)	kova	[kova]
ton (bijv. regenton)	fıçı, varil	[fıtʃı], [varil]
ronde waterbak (de)	leğen	[leen]
tank (bijv. watertank-70-ltr)	tank	[tank]
heupfles (de)	matara	[matara]
jerrycan (de)	benzin bidonu	[benzin bidonu]
tank (bijv. ketelwagen)	sarnıç	[sarnıtʃ]
beker (de)	kupa	[kupa]
kopje (het)	fincan	[findʒan]

schoteltje (het)	fincan tabağı	[findʒan tabaı]
glas (het)	bardak	[bardak]
wijnglas (het)	kadeh	[kade]
pan (de)	tencere	[tendʒere]

fles (de)	şişe	[ʃiʃe]
flessenhals (de)	boğaz	[boaz]

karaf (de)	sürahi	[syrahi]
kruik (de)	testi	[testi]
vat (het)	kap	[kap]
pot (de)	çömlek	[ʧømlek]
vaas (de)	vazo	[vazo]

flacon (de)	şişe	[ʃiʃe]
flesje (het)	küçük şişe	[kyʧuk ʃiʃe]
tube (bijv. ~ tandpasta)	tüp	[typ]

zak (bijv. ~ aardappelen)	poşet, torba	[poʃet], [torba]
tasje (het)	çuval	[ʧuval]
pakje (~ sigaretten, enz.)	paket	[paket]

doos (de)	kutu	[kutu]
kist (de)	sandık	[sandık]
mand (de)	sepet	[sepet]

24. Materialen

materiaal (het)	malzeme	[malzeme]
hout (het)	ağaç	[aatʃ]
houten (bn)	ahşap	[ahʃap]

glas (het)	cam	[dʒam]
glazen (bn)	cam	[dʒam]

steen (de)	taş	[taʃ]
stenen (bn)	taş	[taʃ]

plastic (het)	plastik	[plastik]
plastic (bn)	plastik	[plastik]

rubber (het)	lastik	[lastik]
rubber-, rubberen (bn)	lastik	[lastik]

stof (de)	kumaş	[kumaʃ]
van stof (bn)	kumaştan	[kumaʃtan]

papier (het)	kağıt	[kaıt]
papieren (bn)	kağıt	[kaıt]

karton (het)	karton	[karton]
kartonnen (bn)	karton	[karton]
polyethyleen (het)	polietilen	[polietilen]
cellofaan (het)	selofan	[selofan]

multiplex (het)	kontrplak	[kontraplak]
porselein (het)	porselen	[porselen]
porseleinen (bn)	porselen	[porselen]
klei (de)	kil	[kil]
klei-, van klei (bn)	balçık, kil	[baltʃık], [kil]
keramiek (de)	seramik	[seramik]
keramieken (bn)	seramik	[seramik]

25. Metalen

metaal (het)	maden	[maden]
metalen (bn)	madeni, metal	[madeni], [metal]
legering (de)	alaşım	[alaʃım]

goud (het)	altın	[altın]
gouden (bn)	altın	[altın]
zilver (het)	gümüş	[gymyʃ]
zilveren (bn)	gümüş	[gymyʃ]

ijzer (het)	demir	[demir]
ijzeren	demir	[demir]
staal (het)	çelik	[tʃelik]
stalen (bn)	çelik	[tʃelik]
koper (het)	bakır	[bakır]
koperen (bn)	bakır	[bakır]

aluminium (het)	alüminyum	[alyminjum]
aluminium (bn)	alüminyum	[alyminjum]
brons (het)	bronz	[bronz]
bronzen (bn)	bronz	[bronz]

messing (het)	pirinç	[pirintʃ]
nikkel (het)	nikel	[nikel]
platina (het)	platin	[platin]
kwik (het)	cıva	[dʒıva]
tin (het)	kalay	[kalaj]
lood (het)	kurşun	[kurʃun]
zink (het)	çinko	[tʃinko]

MENS

Mens. Het lichaam

26. Mensen. Basisbegrippen

mens (de)	insan	[insan]
man (de)	erkek	[erkek]
vrouw (de)	kadın	[kadın]
kind (het)	çocuk	[ʧodʒuk]
meisje (het)	kız	[kız]
jongen (de)	erkek çocuk	[erkek ʧodʒuk]
tiener, adolescent (de)	ergen	[ergen]
oude man (de)	ihtiyar	[ihtijar]
oude vrouw (de)	yaşlı kadın	[jaʃlı kadın]

27. Menselijke anatomie

organisme (het)	organizma	[organizma]
hart (het)	kalp	[kalp]
bloed (het)	kan	[kan]
slagader (de)	atardamar	[atardamar]
ader (de)	toplardamar	[toplardamar]
hersenen (mv.)	beyin	[bejin]
zenuw (de)	sinir	[sinir]
zenuwen (mv.)	sinirler	[sinirler]
wervel (de)	omur	[omur]
ruggengraat (de)	omurga	[omurga]
maag (de)	mide	[mide]
darmen (mv.)	bağırsaklar	[baırsaklar]
darm (de)	bağırsak	[baırsak]
lever (de)	karaciğer	[karadʒier]
nier (de)	böbrek	[bøbrek]
been (deel van het skelet)	kemik	[kemik]
skelet (het)	iskelet	[iskelet]
rib (de)	kaburga	[kaburga]
schedel (de)	kafatası	[kafatası]
spier (de)	kas	[kas]
biceps (de)	pazı	[pazı]
triceps (de)	kol kası	[kol kası]
pees (de)	kiriş	[kiriʃ]
gewricht (het)	eklem	[eklem]

longen (mv.)	akciğer	[akdʒier]
geslachtsorganen (mv.)	cinsel organlar	[dʒinsel organlar]
huid (de)	cilt	[dʒilt]

28. Hoofd

hoofd (het)	baş	[baʃ]
gezicht (het)	yüz	[juz]
neus (de)	burun	[burun]
mond (de)	ağız	[aız]

oog (het)	göz	[gøz]
ogen (mv.)	gözler	[gøzler]
pupil (de)	göz bebeği	[gøz bebeı]
wenkbrauw (de)	kaş	[kaʃ]
wimper (de)	kirpik	[kirpik]
ooglid (het)	göz kapağı	[gøz kapaı]

tong (de)	dil	[dil]
tand (de)	diş	[diʃ]
lippen (mv.)	dudaklar	[dudaklar]
jukbeenderen (mv.)	elmacık kemiği	[elmadʒık kemi:i]
tandvlees (het)	dişeti	[diʃeti]
gehemelte (het)	damak	[damak]

neusgaten (mv.)	burun deliği	[burun deli:i]
kin (de)	çene	[tʃene]
kaak (de)	çene	[tʃene]
wang (de)	yanak	[janak]

voorhoofd (het)	alın	[alın]
slaap (de)	şakak	[ʃakak]
oor (het)	kulak	[kulak]
achterhoofd (het)	ense	[ense]
hals (de)	boyun	[bojun]
keel (de)	boğaz	[boaz]

haren (mv.)	saçlar	[satʃlar]
kapsel (het)	saç	[satʃ]
haarsnit (de)	saç biçimi	[satʃ bitʃimi]
pruik (de)	peruk	[peryk]

snor (de)	bıyık	[bıjık]
baard (de)	sakal	[sakal]
dragen (een baard, enz.)	uzatmak, bırakmak	[uzatmak], [bırakmak]
vlecht (de)	saç örgüsü	[satʃ ørgysy]
bakkebaarden (mv.)	favori	[favori]

ros (roodachtig, rossig)	kızıl saçlı	[kızıl satʃlı]
grijs (~ haar)	kır	[kır]
kaal (bn)	kel	[kel]
kale plek (de)	dazlak yer	[dazlak jer]
paardenstaart (de)	kuyruk	[kujruk]
pony (de)	kakül	[kakyl]

29. Menselijk lichaam

hand (de)	**el**	[el]
arm (de)	**kol**	[kol]

vinger (de)	**parmak**	[parmak]
teen (de)	**ayak parmağı**	[ajak parmaɪ]
duim (de)	**başparmak**	[baʃ parmak]
pink (de)	**küçük parmak**	[kytʃuk parmak]
nagel (de)	**tırnak**	[tırnak]

vuist (de)	**yumruk**	[jumruk]
handpalm (de)	**avuç**	[avutʃ]
pols (de)	**bilek**	[bilek]
voorarm (de)	**önkol**	[ønkol]
elleboog (de)	**dirsek**	[dirsek]
schouder (de)	**omuz**	[omuz]

been (rechter ~)	**bacak**	[badʒak]
voet (de)	**ayak**	[ajak]
knie (de)	**diz**	[diz]
kuit (de)	**baldır**	[baldır]
heup (de)	**kalça**	[kaltʃa]
hiel (de)	**topuk**	[topuk]

lichaam (het)	**vücut**	[vydʒut]
buik (de)	**karın**	[karın]
borst (de)	**göğüs**	[gøjus]
borst (de)	**göğüs**	[gøjus]
zijde (de)	**yan**	[jan]
rug (de)	**sırt**	[sırt]
lage rug (de)	**alt bel**	[alt bel]
taille (de)	**bel**	[bel]

navel (de)	**göbek**	[gøbek]
billen (mv.)	**kaba et**	[kaba et]
achterwerk (het)	**kıç**	[kıtʃ]

huidvlek (de)	**ben**	[ben]
moedervlek (de)	**doğum lekesi**	[doum lekesi]
tatoeage (de)	**dövme**	[døvme]
litteken (het)	**yara izi**	[jara izi]

Kleding en accessoires

30. Bovenkleding. Jassen

kleren (mv.)	elbise, kıyafet	[elbise], [kıjafet]
bovenkleding (de)	üst kıyafet	[yst kıjafet]
winterkleding (de)	kışlık kıyafet	[kıʃlık kıjafet]
jas (de)	palto	[palto]
bontjas (de)	kürk manto	[kyrk manto]
bontjasje (het)	kürk ceket	[kyrk dʒeket]
donzen jas (de)	ceket aşağı	[dʒeket aʃaı]
jasje (bijv. een leren ~)	ceket	[dʒeket]
regenjas (de)	trençkot	[trentʃkot]
waterdicht (bn)	su geçirmez	[su getʃirmez]

31. Heren & dames kleding

overhemd (het)	gömlek	[gømlek]
broek (de)	pantolon	[pantolon]
jeans (de)	kot pantolon	[kot pantolon]
colbert (de)	ceket	[dʒeket]
kostuum (het)	takım elbise	[takım elbise]
jurk (de)	elbise, kıyafet	[elbise], [kıjafet]
rok (de)	etek	[etek]
blouse (de)	gömlek, bluz	[gømlek], [bluz]
wollen vest (de)	hırka	[hırka]
blazer (kort jasje)	ceket	[dʒeket]
T-shirt (het)	tişört	[tiʃørt]
shorts (mv.)	şort	[ʃort]
trainingspak (het)	eşofman	[eʃofman]
badjas (de)	bornoz	[bornoz]
pyjama (de)	pijama	[piʒama]
sweater (de)	süveter	[syveter]
pullover (de)	pulover	[pulover]
gilet (het)	yelek	[jelek]
rokkostuum (het)	frak	[frak]
smoking (de)	smokin	[smokin]
uniform (het)	üniforma	[yniforma]
werkkleding (de)	iş elbisesi	[iʃ elbisesi]
overall (de)	tulum	[tulum]
doktersjas (de)	önlük	[ønlyk]

37

32. Kleding. Ondergoed

ondergoed (het)	iç çamaşırı	[itʃ tʃamaʃırı]
herenslip (de)	şort külot	[ʃort kylot]
slipjes (mv.)	bayan külot	[bajan kylot]
onderhemd (het)	atlet	[atlet]
sokken (mv.)	kısa çorap	[kısa tʃorap]
nachthemd (het)	gecelik	[gedʒelik]
beha (de)	sutyen	[sutjen]
kniekousen (mv.)	diz hizası çorap	[diz hizası tʃorap]
panty (de)	külotlu çorap	[kyløtly tʃorap]
nylonkousen (mv.)	çorap	[tʃorap]
badpak (het)	mayo	[majo]

33. Hoofddeksels

hoed (de)	şapka	[ʃapka]
deukhoed (de)	fötr şapka	[føtr ʃapka]
honkbalpet (de)	beyzbol şapkası	[bejzbol ʃapkası]
kleppet (de)	kasket	[kasket]
baret (de)	bere	[bere]
kap (de)	kapüşon	[kapyʃon]
panamahoed (de)	panama	[panama]
gebreide muts (de)	örgü şapka	[ørgy ʃapka]
hoofddoek (de)	başörtüsü	[baʃ ørtysy]
dameshoed (de)	kadın şapkası	[kadın ʃapkası]
veiligheidshelm (de)	baret, kask	[baret], [kask]
veldmuts (de)	kayık kep	[kajık kep]
helm, valhelm (de)	kask	[kask]
bolhoed (de)	melon şapka	[melon ʃapka]
hoge hoed (de)	silindir şapka	[silindir ʃapka]

34. Schoeisel

schoeisel (het)	ayakkabı	[ajakkabı]
schoenen (mv.)	potinler	[potinler]
vrouwenschoenen (mv.)	ayakkabılar	[ajakkabılar]
laarzen (mv.)	çizmeler	[tʃizmeler]
pantoffels (mv.)	terlik	[terlik]
sportschoenen (mv.)	tenis ayakkabısı	[tenis ajakkabısı]
sneakers (mv.)	spor ayakkabısı	[spor ajakkabısı]
sandalen (mv.)	sandalet	[sandalet]
schoenlapper (de)	ayakkabıcı	[ajakkabıdʒı]
hiel (de)	topuk	[topuk]

paar (een ~ schoenen)	bir çift ayakkabı	[bir tʃift ajakkabı]
veter (de)	bağ	[baa]
rijgen (schoenen ~)	bağlamak	[baalamak]
schoenlepel (de)	kaşık	[kaʃık]
schoensmeer (de/het)	ayakkabı boyası	[ajakkabı bojası]

35. Textiel. Weefsel

katoen (de/het)	pamuk	[pamuk]
katoenen (bn)	pamuklu	[pamuklu]
vlas (het)	keten	[keten]
vlas-, van vlas (bn)	ketenden	[ketenden]

zijde (de)	ipek	[ipek]
zijden (bn)	ipekli	[ipekli]
wol (de)	yün	[jun]
wollen (bn)	yünlü	[junly]

fluweel (het)	kadife	[kadife]
suède (de)	süet	[syet]
ribfluweel (het)	fitilli kadife kumaş	[fitilli kadife kumaʃ]

nylon (de/het)	naylon	[najlon]
nylon-, van nylon (bn)	naylondan	[najlondan]
polyester (het)	polyester	[poljester]
polyester- (abn)	polyester	[poljester]

leer (het)	deri	[deri]
leren (van leer gemaak)	deri, deriden yapılmış	[deri], [deriden japılmıʃ]
bont (het)	kürk	[kyrk]
bont- (abn)	kürk	[kyrk]

36. Persoonlijke accessoires

handschoenen (mv.)	eldiven	[eldiven]
wanten (mv.)	tek parmaklı eldiven	[tek parmaklı eldiven]
sjaal (fleece ~)	atkı	[atkı]

bril (de)	gözlük	[gøzlyk]
brilmontuur (het)	çerçeve	[tʃertʃeve]
paraplu (de)	şemsiye	[ʃemsije]
wandelstok (de)	baston	[baston]
haarborstel (de)	saç fırçası	[satʃ firtʃası]
waaier (de)	yelpaze	[jelpaze]

das (de)	kravat	[kravat]
strikje (het)	papyon	[papjon]
bretels (mv.)	pantolon askısı	[pantolon askısı]
zakdoek (de)	mendil	[mendil]

| kam (de) | tarak | [tarak] |
| haarspeldje (het) | toka | [toka] |

| schuifspeldje (het) | firkete | [firkete] |
| gesp (de) | kemer tokası | [kemer tokası] |

| broekriem (de) | kemer | [kemer] |
| draagriem (de) | kayış | [kajıʃ] |

handtas (de)	çanta	[ʧanta]
damestas (de)	bayan çantası	[bajan ʧantası]
rugzak (de)	arka çantası	[arka ʧantası]

37. Kleding. Diversen

mode (de)	moda	[moda]
de mode (bn)	modaya uygun	[modaja ujgun]
kledingstilist (de)	modelci	[modeldʒi]

kraag (de)	yaka	[jaka]
zak (de)	cep	[dʒep]
zak- (abn)	cep	[dʒep]
mouw (de)	kol	[kol]
lusje (het)	askı	[askı]
gulp (de)	pantolon fermuarı	[pantolon fermuarı]

rits (de)	fermuar	[fermuar]
sluiting (de)	kopça	[kopʧa]
knoop (de)	düğme	[dyjme]
knoopsgat (het)	düğme iliği	[dyjme ili:i]
losraken (bijv. knopen)	kopmak	[kopmak]

naaien (kleren, enz.)	dikmek	[dikmek]
borduren (ww)	nakış işlemek	[nakıʃ iʃlemek]
borduursel (het)	nakış	[nakıʃ]
naald (de)	iğne	[i:ine]
draad (de)	iplik	[iplik]
naad (de)	dikiş	[dikiʃ]

vies worden (ww)	kirlenmek	[kirlenmek]
vlek (de)	leke	[leke]
gekreukt raken (ov. kleren)	buruşmak	[buruʃmak]
scheuren (ov.ww.)	yırtmak	[jırtmak]
mot (de)	güve	[gyve]

38. Persoonlijke verzorging. Schoonheidsmiddelen

tandpasta (de)	diş macunu	[diʃ madʒunu]
tandenborstel (de)	diş fırçası	[diʃ fırʧası]
tanden poetsen (ww)	dişlerini fırçalamak	[diʃlerini fırʧalamak]

scheermes (het)	jilet	[ʒilet]
scheerschuim (het)	tıraş kremi	[tıraʃ kremi]
zich scheren (ww)	tıraş olmak	[tıraʃ olmak]
zeep (de)	sabun	[sabun]

shampoo (de)	şampuan	[ʃampuan]
schaar (de)	makas	[makas]
nagelvijl (de)	tırnak törpüsü	[tırnak tørpysy]
nagelknipper (de)	tırnak makası	[tırnak makası]
pincet (het)	cımbız	[dʒımbız]

cosmetica (mv.)	kozmetik	[kozmetik]
masker (het)	yüz maskesi	[juz maskesi]
manicure (de)	manikür	[manikyr]
manicure doen	manikür yapmak	[manikyr japmak]
pedicure (de)	pedikür	[pedikyr]

cosmetica tasje (het)	makyaj çantası	[makjaʒ tʃantası]
poeder (de/het)	pudra	[pudra]
poederdoos (de)	pudralık	[pudralık]
rouge (de)	allık	[allık]

parfum (de/het)	parfüm	[parfym]
eau de toilet (de)	parfüm suyu	[parfym suju]
lotion (de)	losyon	[losjon]
eau de cologne (de)	kolonya	[kolonja]

oogschaduw (de)	far	[far]
oogpotlood (het)	göz kalemi	[gøz kalemi]
mascara (de)	rimel	[rimel]

lippenstift (de)	ruj	[ruʒ]
nagellak (de)	oje	[oʒe]
haarlak (de)	saç spreyi	[satʃ spreji]
deodorant (de)	deodorant	[deodorant]

crème (de)	krem	[krem]
gezichtscrème (de)	yüz kremi	[juz kremi]
handcrème (de)	el kremi	[el kremi]
antirimpelcrème (de)	kırışıklık giderici krem	[kırıʃıklık gideridʒi krem]
dagcrème (de)	gündüz kremi	[gyndyz krem]
nachtcrème (de)	gece kremi	[gedʒe kremi]
dag- (abn)	gündüz	[gyndyz]
nacht- (abn)	gece	[gedʒe]

tampon (de)	tampon	[tampon]
toiletpapier (het)	tuvalet kağıdı	[tuvalet kaıdı]
föhn (de)	saç kurutma makinesi	[satʃ kurutma makinesi]

39. Juwelen

sieraden (mv.)	mücevher	[mydʒevher]
edel (bijv. ~ stenen)	değerli	[deerli]
keurmerk (het)	ayar damgası	[ajar damgası]

ring (de)	yüzük	[juzyk]
trouwring (de)	nişan yüzüğü	[niʃan juzyy]
armband (de)	bilezik	[bilezik]
oorringen (mv.)	küpeler	[kypeler]

halssnoer (het)	**gerdanlık**	[gerdanlık]
kroon (de)	**taç**	[tatʃ]
kralen snoer (het)	**boncuk kolye**	[bondʒuk kolje]

diamant (de)	**pırlanta**	[pırlanta]
smaragd (de)	**zümrüt**	[zymryt]
robijn (de)	**yakut**	[jakut]
saffier (de)	**safir**	[safir]
parel (de)	**inci**	[indʒi]
barnsteen (de)	**kehribar**	[kehribar]

40. Horloges. Klokken

polshorloge (het)	**el saati**	[el saati]
wijzerplaat (de)	**kadran**	[kadran]
wijzer (de)	**akrep, yelkovan**	[akrep], [jelkovan]
metalen horlogeband (de)	**metal kordon**	[metal kordon]
horlogebandje (het)	**kayış**	[kajıʃ]

batterij (de)	**pil**	[pil]
leeg zijn (ww)	**bitmek**	[bitmek]
batterij vervangen	**pil değiştirmek**	[pil deiʃtirmek]
voorlopen (ww)	**ileri gitmek**	[ileri gitmek]
achterlopen (ww)	**geride kalmak**	[geride kalmak]

wandklok (de)	**duvar saati**	[duvar saati]
zandloper (de)	**kum saati**	[kum saati]
zonnewijzer (de)	**güneş saati**	[gyneʃ saati]
wekker (de)	**çalar saat**	[tʃalar saat]
horlogemaker (de)	**saatçi**	[saatʃi]
repareren (ww)	**tamir etmek**	[tamir etmek]

Voedsel. Voeding

41. Voedsel

vlees (het)	et	[et]
kip (de)	tavuk eti	[tavuk eti]
kuiken (het)	civciv	[dʒiv dʒiv]
eend (de)	ördek	[ørdek]
gans (de)	kaz	[kaz]
wild (het)	av hayvanları	[av hajvanları]
kalkoen (de)	hindi	[hindi]
varkensvlees (het)	domuz eti	[domuz eti]
kalfsvlees (het)	dana eti	[dana eti]
schapenvlees (het)	koyun eti	[kojun eti]
rundvlees (het)	sığır eti	[sı:ır eti]
konijnenvlees (het)	tavşan eti	[tavʃan eti]
worst (de)	sucuk, sosis	[sudʒuk], [sosis]
saucijs (de)	sosis	[sosis]
spek (het)	domuz pastırması	[domuz pastırması]
ham (de)	jambon	[ʒambon]
gerookte achterham (de)	tütsülenmiş jambon	[tytsylenmiʃ ʒambon]
paté (de)	ezme	[ezme]
lever (de)	karaciğer	[karadʒier]
gehakt (het)	kıyma	[kıjma]
tong (de)	dil	[dil]
ei (het)	yumurta	[jumurta]
eieren (mv.)	yumurtalar	[jumurtalar]
eiwit (het)	yumurta akı	[jumurta akı]
eigeel (het)	yumurta sarısı	[jumurta sarısı]
vis (de)	balık	[balık]
zeevruchten (mv.)	deniz ürünleri	[deniz yrynleri]
kaviaar (de)	havyar	[havjar]
krab (de)	yengeç	[jengetʃ]
garnaal (de)	karides	[karides]
oester (de)	istiridye	[istiridje]
langoest (de)	langust	[langust]
octopus (de)	ahtapot	[ahtapot]
inktvis (de)	kalamar	[kalamar]
steur (de)	mersin balığı	[mersin balı:ı]
zalm (de)	som balığı	[som balı:ı]
heilbot (de)	pisi balığı	[pisi balı:ı]
kabeljauw (de)	morina balığı	[morina balı:ı]
makreel (de)	uskumru	[uskumru]

| tonijn (de) | ton balığı | [ton balı:ı] |
| paling (de) | yılan balığı | [jılan balı:ı] |

forel (de)	alabalık	[alabalık]
sardine (de)	sardalye	[sardalje]
snoek (de)	turna balığı	[turna balı:ı]
haring (de)	ringa	[ringa]

brood (het)	ekmek	[ekmek]
kaas (de)	peynir	[pejnir]
suiker (de)	şeker	[ʃeker]
zout (het)	tuz	[tuz]

rijst (de)	pirinç	[pirintʃ]
pasta (de)	makarna	[makarna]
noedels (mv.)	erişte	[eriʃte]

boter (de)	tereyağı	[terejaı]
plantaardige olie (de)	bitkisel yağ	[bitkisel jaa]
zonnebloemolie (de)	ayçiçeği yağı	[ajtʃitʃeı jaı]
margarine (de)	margarin	[margarin]

| olijven (mv.) | zeytin | [zejtin] |
| olijfolie (de) | zeytin yağı | [zejtin jaı] |

melk (de)	süt	[syt]
gecondenseerde melk (de)	yoğunlaştırılmış süt	[jounlaʃtırılmıʃ syt]
yoghurt (de)	yoğurt	[jourt]
zure room (de)	ekşi krema	[ekʃi krema]
room (de)	süt kaymağı	[syt kajmaı]

| mayonaise (de) | mayonez | [majonez] |
| crème (de) | krema | [krema] |

graan (het)	tane	[tane]
meel (het), bloem (de)	un	[un]
conserven (mv.)	konserve	[konserve]

maïsvlokken (mv.)	mısır gevreği	[mısır gevrei]
honing (de)	bal	[bal]
jam (de)	reçel, marmelat	[retʃel], [marmelat]
kauwgom (de)	sakız, çiklet	[sakız], [tʃiklet]

42. Drankjes

water (het)	su	[su]
drinkwater (het)	içme suyu	[itʃme suju]
mineraalwater (het)	maden suyu	[maden suju]

zonder gas	gazsız	[gazsız]
koolzuurhoudend (bn)	gazlı	[gazlı]
bruisend (bn)	maden	[maden]
ijs (het)	buz	[buz]
met ijs	buzlu	[buzlu]

alcohol vrij (bn)	alkolsüz	[alkolsyz]
alcohol vrije drank (de)	alkolsüz içki	[alkolsyz itʃki]
frisdrank (de)	soğuk meşrubat	[souk meʃrubat]
limonade (de)	limonata	[limonata]

alcoholische dranken (mv.)	alkollü içkiler	[alkolly itʃkiler]
wijn (de)	şarap	[ʃarap]
witte wijn (de)	beyaz şarap	[bejaz ʃarap]
rode wijn (de)	kırmızı şarap	[kırmızı ʃarap]

likeur (de)	likör	[likør]
champagne (de)	şampanya	[ʃampanja]
vermout (de)	vermut	[vermut]

whisky (de)	viski	[viski]
wodka (de)	votka	[votka]
gin (de)	cin	[dʒin]
cognac (de)	konyak	[konjak]
rum (de)	rom	[rom]

koffie (de)	kahve	[kahve]
zwarte koffie (de)	siyah kahve	[sijah kahve]
koffie (de) met melk	sütlü kahve	[sytly kahve]
cappuccino (de)	kaymaklı kahve	[kajmaklı kahve]
oploskoffie (de)	hazır kahve	[hazır kahve]

melk (de)	süt	[syt]
cocktail (de)	kokteyl	[koktejl]
milkshake (de)	sütlü kokteyl	[sytly koktejl]

sap (het)	meyve suyu	[mejve suju]
tomatensap (het)	domates suyu	[domates suju]
sinaasappelsap (het)	portakal suyu	[portakal suju]
vers geperst sap (het)	taze meyve suyu	[taze mejve suju]

bier (het)	bira	[bira]
licht bier (het)	hafif bira	[hafif bira]
donker bier (het)	siyah bira	[sijah bira]

thee (de)	çay	[tʃaj]
zwarte thee (de)	siyah çay	[sijah tʃaj]
groene thee (de)	yeşil çay	[jeʃil tʃaj]

43. Groenten

groenten (mv.)	sebze	[sebze]
verse kruiden (mv.)	yeşillik	[jeʃilik]

tomaat (de)	domates	[domates]
augurk (de)	salatalık	[salatalık]
wortel (de)	havuç	[havutʃ]
aardappel (de)	patates	[patates]
ui (de)	soğan	[soan]
knoflook (de)	sarımsak	[sarımsak]

kool (de)	lahana	[lahana]
bloemkool (de)	karnabahar	[karnabahar]
spruitkool (de)	Brüksel lâhanası	[bryksel lahanası]
broccoli (de)	brokoli	[brokoli]

rode biet (de)	pancar	[pandʒar]
aubergine (de)	patlıcan	[patlıdʒan]
courgette (de)	sakız kabağı	[sakız kabaı]
pompoen (de)	kabak	[kabak]
raap (de)	şalgam	[ʃalgam]

peterselie (de)	maydanoz	[majdanoz]
dille (de)	dereotu	[dereotu]
sla (de)	yeşil salata	[jeʃil salata]
selderij (de)	kereviz	[kereviz]
asperge (de)	kuşkonmaz	[kuʃkonmaz]
spinazie (de)	ıspanak	[ıspanak]

erwt (de)	bezelye	[bezelje]
bonen (mv.)	bakla	[bakla]
maïs (de)	mısır	[mısır]
nierboon (de)	fasulye	[fasulje]

peper (de)	dolma biber	[dolma biber]
radijs (de)	turp	[turp]
artisjok (de)	enginar	[enginar]

44. Vruchten. Noten

vrucht (de)	meyve	[mejve]
appel (de)	elma	[elma]
peer (de)	armut	[armut]
citroen (de)	limon	[limon]
sinaasappel (de)	portakal	[portakal]
aardbei (de)	çilek	[tʃilek]

mandarijn (de)	mandalina	[mandalina]
pruim (de)	erik	[erik]
perzik (de)	şeftali	[ʃeftali]
abrikoos (de)	kayısı	[kajısı]
framboos (de)	ahududu	[ahududu]
ananas (de)	ananas	[ananas]

banaan (de)	muz	[muz]
watermeloen (de)	karpuz	[karpuz]
druif (de)	üzüm	[yzym]
zure kers (de)	vişne	[viʃne]
zoete kers (de)	kiraz	[kiraz]
meloen (de)	kavun	[kavun]

grapefruit (de)	greypfrut	[grejpfrut]
avocado (de)	avokado	[avokado]
papaja (de)	papaya	[papaja]
mango (de)	mango	[mango]

granaatappel (de)	nar	[nar]
rode bes (de)	kırmızı frenk üzümü	[kırmızı frenk yzymy]
zwarte bes (de)	siyah frenk üzümü	[sijah frenk yzymy]
kruisbes (de)	bektaşı üzümü	[bektaʃı yzymy]
blauwe bosbes (de)	yaban mersini	[jaban mersini]
braambes (de)	böğürtlen	[bøjurtlen]

rozijn (de)	kuru üzüm	[kuru yzym]
vijg (de)	incir	[indʒir]
dadel (de)	hurma	[hurma]

pinda (de)	yerfıstığı	[jerfıstı:ı]
amandel (de)	badem	[badem]
walnoot (de)	ceviz	[dʒeviz]
hazelnoot (de)	fındık	[fındık]
kokosnoot (de)	Hindistan cevizi	[hindistan dʒevizi]
pistaches (mv.)	çam fıstığı	[tʃam fıstı:ı]

45. Brood. Snoep

suikerbakkerij (de)	şekerleme	[ʃekerleme]
brood (het)	ekmek	[ekmek]
koekje (het)	bisküvi	[biskyvi]

chocolade (de)	çikolata	[tʃikolata]
chocolade- (abn)	çikolatalı	[tʃikolatalı]
snoepje (het)	şeker	[ʃeker]
cakeje (het)	ufak kek	[ufak kek]
taart (bijv. verjaardags~)	kek, pasta	[kek], [pasta]

pastei (de)	börek	[børek]
vulling (de)	iç	[itʃ]

confituur (de)	reçel	[retʃel]
marmelade (de)	marmelat	[marmelat]
wafel (de)	gofret	[gofret]
ijsje (het)	dondurma	[dondurma]

46. Bereide gerechten

gerecht (het)	yemek	[jemek]
keuken (bijv. Franse ~)	mutfak	[mutfak]
recept (het)	yemek tarifi	[jemek tarifı]
portie (de)	porsiyon	[porsijon]

salade (de)	salata	[salata]
soep (de)	çorba	[tʃorba]

bouillon (de)	et suyu	[et suju]
boterham (de)	sandviç	[sandvitʃ]
spiegelei (het)	sahanda yumurta	[sahanda jumurta]
hamburger (de)	hamburger	[hamburger]

47

biefstuk (de)	biftek	[biftek]
garnering (de)	garnitür	[garnityr]
spaghetti (de)	spagetti	[spagetti]
aardappelpuree (de)	patates püresi	[patates pyresi]
pizza (de)	pizza	[pizza]
pap (de)	lâpa	[lapa]
omelet (de)	omlet	[omlet]

gekookt (in water)	pişmiş	[piʃmiʃ]
gerookt (bn)	tütsülenmiş, füme	[tytsylenmiʃ], [fyme]
gebakken (bn)	kızartılmış	[kızartılmıʃ]
gedroogd (bn)	kuru	[kuru]
diepvries (bn)	dondurulmuş	[dondurulmuʃ]
gemarineerd (bn)	turşu	[turʃu]

zoet (bn)	tatlı	[tatlı]
gezouten (bn)	tuzlu	[tuzlu]
koud (bn)	soğuk	[souk]
heet (bn)	sıcak	[sıdʒak]
bitter (bn)	acı	[adʒı]
lekker (bn)	tatlı, lezzetli	[tatlı], [lezzetlı]

koken (in kokend water)	kaynatmak	[kajnatmak]
bereiden (avondmaaltijd ~)	pişirmek	[piʃirmek]
bakken (ww)	kızartmak	[kızartmak]
opwarmen (ww)	ısıtmak	[ısıtmak]

zouten (ww)	tuzlamak	[tuzlamak]
peperen (ww)	biberlemek	[biberlemek]
raspen (ww)	rendelemek	[rendelemek]
schil (de)	kabuk	[kabuk]
schillen (ww)	soymak	[sojmak]

47. Kruiden

zout (het)	tuz	[tuz]
gezouten (bn)	tuzlu	[tuzlu]
zouten (ww)	tuzlamak	[tuzlamak]

zwarte peper (de)	siyah biber	[sijah biber]
rode peper (de)	kırmızı biber	[kırmızı biber]
mosterd (de)	hardal	[hardal]
mierikswortel (de)	bayırturpu	[bajırturpu]

condiment (het)	çeşni	[tʃeʃni]
specerij, kruiderij (de)	baharat	[baharat]
saus (de)	salça, sos	[saltʃa], [sos]
azijn (de)	sirke	[sirke]

anijs (de)	anason	[anason]
basilicum (de)	fesleğen	[fesleen]
kruidnagel (de)	karanfil	[karanfil]
gember (de)	zencefil	[zendʒefil]
koriander (de)	kişniş	[kiʃniʃ]

kaneel (de/het)	tarçın	[tartʃɪn]
sesamzaad (het)	susam	[susam]
laurierblad (het)	defne yaprağı	[defne japraɪ]
paprika (de)	kırmızı biber	[kɪrmɪzɪ biber]
komijn (de)	çörek otu	[tʃørek otu]
saffraan (de)	safran	[safran]

48. Maaltijden

eten (het)	yemek	[jemek]
eten (ww)	yemek	[jemek]

ontbijt (het)	kahvaltı	[kahvaltı]
ontbijten (ww)	kahvaltı yapmak	[kahvaltı japmak]
lunch (de)	öğle yemeği	[øːle jemei]
lunchen (ww)	öğle yemeği yemek	[øːle jemei jemek]
avondeten (het)	akşam yemeği	[akʃam jemei]
souperen (ww)	akşam yemeği yemek	[akʃam jemei jemek]

eetlust (de)	iştah	[iʃtah]
Eet smakelijk!	Afiyet olsun!	[afijet olsun]

openen (een fles ~)	açmak	[atʃmak]
morsen (koffie, enz.)	dökmek	[døkmek]
zijn gemorst	dökülmek	[døkylmek]
koken (water kookt bij 100°C)	kaynamak	[kajnamak]
koken (Hoe om water te ~)	kaynatmak	[kajnatmak]
gekookt (~ water)	kaynamış	[kajnamɪʃ]
afkoelen (koeler maken)	serinletmek	[serinletmek]
afkoelen (koeler worden)	serinleşmek	[serinleʃmek]

smaak (de)	tat	[tat]
nasmaak (de)	ağızda kalan tat	[aɪzda kalan tat]

volgen een dieet	zayıflamak	[zajɪflamak]
dieet (het)	rejim, diyet	[reʒim], [dijet]
vitamine (de)	vitamin	[vitamin]
calorie (de)	kalori	[kalori]
vegetariër (de)	vejetaryen kimse	[vedʒetarien kimse]
vegetarisch (bn)	vejetaryen	[vedʒetarien]

vetten (mv.)	yağlar	[jaalar]
eiwitten (mv.)	proteinler	[proteinler]
koolhydraten (mv.)	karbonhidratlar	[karbonhidratlar]
snede (de)	dilim	[dilim]
stuk (bijv. een ~ taart)	parça	[partʃa]
kruimel (de)	kırıntı	[kɪrɪntɪ]

49. Tafelschikking

lepel (de)	kaşık	[kaʃık]
mes (het)	bıçak	[bɪtʃak]

vork (de)	çatal	[ʧatal]
kopje (het)	fincan	[findʒan]
bord (het)	tabak	[tabak]
schoteltje (het)	fincan tabağı	[findʒan tabaı]
servet (het)	peçete	[peʧete]
tandenstoker (de)	kürdan	[kyrdan]

50. Restaurant

restaurant (het)	restoran	[restoran]
koffiehuis (het)	kahvehane	[kahvehane]
bar (de)	bar	[bar]
tearoom (de)	çay salonu	[ʧaj salonu]

kelner, ober (de)	garson	[garson]
serveerster (de)	kadın garson	[kadın garson]
barman (de)	barmen	[barmen]

menu (het)	menü	[meny]
wijnkaart (de)	şarap listesi	[ʃarap listesi]
een tafel reserveren	masa ayırtmak	[masa ajırtmak]

gerecht (het)	yemek	[jemek]
bestellen (eten ~)	sipariş etmek	[sipariʃ etmek]
een bestelling maken	sipariş vermek	[sipariʃ vermek]

aperitief (de/het)	aperatif	[aperatif]
voorgerecht (het)	çerez	[ʧerez]
dessert (het)	tatlı	[tatlı]

rekening (de)	hesap	[hesap]
de rekening betalen	hesabı ödemek	[hesabı ødemek]
wisselgeld teruggeven	para üstü vermek	[para justy vermek]
fooi (de)	bahşiş	[bahʃiʃ]

Familie, verwanten en vrienden

51. Persoonlijke informatie. Formulieren

naam (de)	ad, isim	[ad], [isim]
achternaam (de)	soyadı	[sojadı]
geboortedatum (de)	doğum tarihi	[doum tarihi]
geboorteplaats (de)	doğum yeri	[doum jeri]

nationaliteit (de)	milliyet	[millijet]
woonplaats (de)	ikamet yeri	[ikamet jeri]
land (het)	ülke	[ylke]
beroep (het)	meslek	[meslek]

geslacht (ov. het vrouwelijk ~)	cinsiyet	[dʒinsijet]
lengte (de)	boy	[boj]
gewicht (het)	ağırlık	[aırlık]

52. Familieleden. Verwanten

moeder (de)	anne	[anne]
vader (de)	baba	[baba]
zoon (de)	oğul	[ø:ul]
dochter (de)	kız	[kız]

jongste dochter (de)	küçük kız	[kytʃuk kız]
jongste zoon (de)	küçük oğul	[kytʃuk oul]
oudste dochter (de)	büyük kız	[byjuk kız]
oudste zoon (de)	büyük oğul	[byjuk oul]

broer (de)	kardeş	[kardeʃ]
oudere broer (de)	ağabey, büyük kardeş	[aabej], [byjuk kardeʃ]
jongere broer (de)	küçük kardeş	[kytʃuk kardeʃ]
zuster (de)	kardeş, bacı	[kardeʃ], [badʒı]
oudere zuster (de)	abla, büyük bacı	[abla], [byjuk badʒı]
jongere zuster (de)	kız kardeş	[kız kardeʃ]

neef (zoon van oom, tante)	erkek kuzen	[erkek kuzen]
nicht (dochter van oom, tante)	kız kuzen	[kız kuzen]
mama (de)	anne	[anne]
papa (de)	baba	[baba]
ouders (mv.)	ana baba	[ana baba]
kind (het)	çocuk	[tʃodʒuk]
kinderen (mv.)	çocuklar	[tʃodʒuklar]
oma (de)	büyük anne	[byjuk anne]
opa (de)	büyük baba	[byjuk baba]

kleinzoon (de)	erkek torun	[erkek torun]
kleindochter (de)	kız torun	[kız torun]
kleinkinderen (mv.)	torunlar	[torunlar]

oom (de)	amca, dayı	[amʤa], [dajı]
tante (de)	teyze, hala	[tejze], [hala]
neef (zoon van broer, zus)	erkek yeğen	[erkek jeen]
nicht (dochter van broer, zus)	kız yeğen	[kız jeen]

schoonmoeder (de)	kaynana	[kajnana]
schoonvader (de)	kaynata	[kajnata]
schoonzoon (de)	güvey	[gyvej]
stiefmoeder (de)	üvey anne	[yvej anne]
stiefvader (de)	üvey baba	[yvej baba]

zuigeling (de)	süt çocuğu	[syt ʧoʤuu]
wiegenkind (het)	bebek	[bebek]
kleuter (de)	erkek çocuk	[erkek ʧoʤuk]

vrouw (de)	hanım, eş	[hanım], [eʃ]
man (de)	eş, koca	[eʃ], [koʤa]
echtgenoot (de)	koca	[koʤa]
echtgenote (de)	karı	[karı]

gehuwd (mann.)	evli	[evli]
gehuwd (vrouw.)	evli	[evli]
ongehuwd (mann.)	bekâr	[bekjar]
vrijgezel (de)	bekâr	[bekjar]
gescheiden (bn)	boşanmış	[boʃanmıʃ]
weduwe (de)	dul kadın	[dul kadın]
weduwnaar (de)	dul erkek	[dul erkek]

familielid (het)	akraba	[akraba]
dichte familielid (het)	yakın akraba	[jakın akraba]
verre familielid (het)	uzak akraba	[uzak akraba]
familieleden (mv.)	akrabalar	[akrabalar]

wees (de), weeskind (het)	yetim	[jetim]
voogd (de)	vasi	[vasi]
adopteren (een jongen te ~)	evlatlık almak	[evlatlık almak]
adopteren (een meisje te ~)	evlatlık almak	[evlatlık almak]

53. Vrienden. Collega's

vriend (de)	dost, arkadaş	[dost], [arkadaʃ]
vriendin (de)	kız arkadaş	[kız arkadaʃ]
vriendschap (de)	dostluk	[dostluk]
bevriend zijn (ww)	arkadaş olmak	[arkadaʃ olmak]

makker (de)	arkadaş	[arkadaʃ]
vriendin (de)	kız arkadaş	[kız arkadaʃ]
partner (de)	ortak	[ortak]
chef (de)	şef	[ʃef]
baas (de)	amir	[amir]

ondergeschikte (de)	ast	[ast]
collega (de)	meslektaş	[meslektaʃ]

kennis (de)	tanıdık	[tanıdık]
medereiziger (de)	yol arkadaşı	[jol arkadaʃı]
klasgenoot (de)	sınıf arkadaşı	[sınıf arkadaʃı]

buurman (de)	komşu	[komʃu]
buurvrouw (de)	komşu	[komʃu]
buren (mv.)	komşular	[komʃular]

54. Man. Vrouw

vrouw (de)	kadın, bayan	[kadın], [bajan]
meisje (het)	kız	[kız]
bruid (de)	gelin	[gelin]

mooi(e) (vrouw, meisje)	güzel	[gyzel]
groot, grote (vrouw, meisje)	uzun	[uzun]
slank(e) (vrouw, meisje)	ince	[indʒe]
korte, kleine (vrouw, meisje)	kısa boylu	[kısa bojlu]

blondine (de)	sarışın	[sarıʃın]
brunette (de)	esmer	[esmer]

dames- (abn)	bayan	[bajan]
maagd (de)	bakire	[bakire]
zwanger (bn)	hamile	[hamile]

man (de)	erkek	[erkek]
blonde man (de)	sarışın	[sarıʃın]
bruinharige man (de)	esmer	[esmer]
groot (bn)	uzun boylu	[uzun bojlu]
klein (bn)	kısa boylu	[kısa bojlu]

onbeleefd (bn)	kaba	[kaba]
gedrongen (bn)	kalın yapılı	[kalın japılı]
robuust (bn)	kuvvetli	[kuvvetli]
sterk (bn)	güçlü	[gytʃly]
sterkte (de)	güç	[gytʃ]

mollig (bn)	iri	[iri]
getaand (bn)	esmer	[esmer]
slank (bn)	kaslı, yapılı	[kaslı], [japılı]
elegant (bn)	zarif	[zarif]

55. Leeftijd

leeftijd (de)	yaş	[jaʃ]
jeugd (de)	gençlik	[gentʃlik]
jong (bn)	genç	[gentʃ]
jonger (bn)	yaşı daha küçük	[jaʃı daha kytʃuk]

53

ouder (bn)	yaşı daha büyük	[jaʃı daha byjuk]
jongen (de)	delikanlı	[delikanlı]
tiener, adolescent (de)	ergen	[ergen]
kerel (de)	bir kimse	[bir kimse]

| oude man (de) | ihtiyar | [ihtijar] |
| oude vrouw (de) | yaşlı kadın | [jaʃlı kadın] |

volwassen (bn)	yetişkin	[jetiʃkin]
van middelbare leeftijd (bn)	orta yaşlı	[orta jaʃlı]
bejaard (bn)	yaşlı	[jaʃlı]
oud (bn)	ihtiyar, yaşlı	[ihtijar], [jaʃlı]

pensioen (het)	emekli maaşı	[emekli maaʃı]
met pensioen gaan	emekli olmak	[emekli olmak]
gepensioneerde (de)	emekli	[emekli]

56. Kinderen

kind (het)	çocuk	[tʃodʒuk]
kinderen (mv.)	çocuklar	[tʃodʒuklar]
tweeling (de)	ikizler	[ikizler]

wieg (de)	beşik	[beʃik]
rammelaar (de)	bebek çıngırağı	[bebek tʃıngıraı]
luier (de)	çocuk bezi	[tʃodʒuk bezi]

speen (de)	emzik	[emzik]
kinderwagen (de)	çocuk arabası	[tʃodʒuk arabası]
kleuterschool (de)	anaokulu	[anaokulu]
babysitter (de)	çocuk bakıcısı	[tʃodʒuk bakıdʒısı]

| kindertijd (de) | çocukluk | [tʃodʒukluk] |
| pop (de) | kukla | [kukla] |

| speelgoed (het) | oyuncak | [ojundʒak] |
| bouwspeelgoed (het) | meccano | [mekano] |

welopgevoed (bn)	terbiyeli	[terbijeli]
onopgevoed (bn)	terbiyesiz	[terbijesiz]
verwend (bn)	şımarık	[ʃımarık]

| stout zijn (ww) | yaramazlık etmek | [jaramazlık etmek] |
| stout (bn) | yaramaz | [jaramaz] |

| stoutheid (de) | yaramazlık | [jaramazlık] |
| stouterd (de) | yaramaz çocuk | [jaramaz tʃodʒuk] |

| gehoorzaam (bn) | itaatli | [itaatli] |
| ongehoorzaam (bn) | itaatsiz | [itaatsiz] |

braaf (bn)	uslu	[uslu]
slim (verstandig)	zeki	[zeki]
wonderkind (het)	harika çocuk	[harika tʃodʒuk]

57. Gehuwde paren. Gezinsleven

kussen (een kus geven)	öpmek	[øpmek]
elkaar kussen (ww)	öpüşmek	[øpyʃmek]
gezin (het)	aile	[aile]
gezins- (abn)	aile, ailevi	[aile], [ailevi]
paar (het)	çift	[ʧift]
huwelijk (het)	evlilik	[evlilik]
thuis (het)	aile ocağı	[aile odʒaı]
dynastie (de)	sülale	[sylale]

date (de)	randevu	[randevu]
zoen (de)	öpücük	[øpydʒyk]

liefde (de)	sevgi	[sevgi]
liefhebben (ww)	sevmek	[sevmek]
geliefde (bn)	sevgili	[sevgili]

tederheid (de)	şefkat	[ʃefkat]
teder (bn)	şefkatli	[ʃefkatlı]
trouw (de)	sadakat	[sadakat]
trouw (bn)	sadık	[sadık]
zorg (bijv. bejaarden~)	ihtimam	[ihtimam]
zorgzaam (bn)	dikkatli	[dikkatli]

jonggehuwden (mv.)	yeni evliler	[jeni evliler]
wittebroodsweken (mv.)	balayı	[balajı]
trouwen (vrouw)	evlenmek	[evlenmek]
trouwen (man)	evlenmek	[evlenmek]

bruiloft (de)	düğün	[dyjun]
gouden bruiloft (de)	ellinci evlilik yıldönümü	[ellindʒi evlilik jıldønymy]
verjaardag (de)	yıldönümü	[jıldønymy]

minnaar (de)	aşık	[aʃık]
minnares (de)	metres	[metres]

overspel (het)	sadakatsizlik	[sadakatsızlık]
overspel plegen (ww)	sadakatsiz olmak	[sadakatsız olmak]
jaloers (bn)	kıskanç	[kıskanʧ]
jaloers zijn (echtgenoot, enz.)	kıskanmak	[kıskanmak]
echtscheiding (de)	boşanma	[boʃanma]
scheiden (ww)	boşanmak	[boʃanmak]

ruzie hebben (ww)	kavga etmek	[kavga etmek]
vrede sluiten (ww)	barışmak	[barıʃmak]

samen (bw)	beraber	[beraber]
seks (de)	seks	[seks]

geluk (het)	mutluluk	[mutluluk]
gelukkig (bn)	mutlu	[mutlu]
ongeluk (het)	belâ	[bela]
ongelukkig (bn)	zavallı	[zavallı]

Karakter. Gevoelens. Emoties

58. Gevoelens. Emoties

gevoel (het)	duygu	[dujgu]
gevoelens (mv.)	duygular	[dujgular]
voelen (ww)	hissetmek	[hissetmek]
honger (de)	açlık	[atʃlık]
honger hebben (ww)	yemek istemek	[jemek istemek]
dorst (de)	susuzluk	[susuzluk]
dorst hebben	içmek istemek	[itʃmek istemek]
slaperigheid (de)	uykulu olma	[ujkulu olma]
willen slapen	uyumak istemek	[ujumak istemek]
moeheid (de)	yorgunluk	[jorgunluk]
moe (bn)	yorgun	[jorgun]
vermoeid raken (ww)	yorulmak	[jorulmak]
stemming (de)	keyif	[kejif]
verveling (de)	can sıkıntısı	[dʒan sıkıntısı]
zich vervelen (ww)	sıkılmak	[sıkılmak]
afzondering (de)	yalnızlık	[jalnızlık]
zich afzonderen (ww)	inzivaya çekilmek	[inzivaja tʃekilmek]
bezorgd maken	üzmek	[yzmek]
bezorgd zijn (ww)	endişelenmek	[endiʃelenmek]
zorg (bijv. geld~en)	endişe	[endiʃe]
ongerustheid (de)	rahatsızlık	[rahatsızlık]
ongerust (bn)	kaygılı	[kajgılı]
zenuwachtig zijn (ww)	sinirlenmek	[sinirlenmek]
in paniek raken	panik yapmak	[panik japmak]
hoop (de)	ümit	[ymit]
hopen (ww)	ummak	[ummak]
zekerheid (de)	kesinlik	[kesinlik]
zeker (bn)	kararlı	[kararlı]
onzekerheid (de)	belirsizlik	[belirsizlik]
onzeker (bn)	belirsiz	[belirsiz]
dronken (bn)	sarhoş	[sarhoʃ]
nuchter (bn)	ayık	[ajık]
zwak (bn)	zayıf	[zajıf]
gelukkig (bn)	mutlu	[mutlu]
doen schrikken (ww)	korkutmak	[korkutmak]
toorn (de)	kızgınlık	[kızgınlık]
woede (de)	öfke	[øfke]
depressie (de)	depresyon	[depresjon]
ongemak (het)	rahatsızlık	[rahatsızlık]

gemak, comfort (het)	konfor	[konfor]
spijt hebben (ww)	üzülmek	[yzylmek]
spijt (de)	pişmanlık	[piʃmanlık]
pech (de)	talihsizlik	[talihsizlik]
bedroefdheid (de)	üzüntü	[yzynty]

schaamte (de)	utanma	[utanma]
pret (de), plezier (het)	neşe	[neʃe]
enthousiasme (het)	coşku	[dʒoʃku]
enthousiasteling (de)	coşkun kimse	[dʒoʃkun kimse]
enthousiasme vertonen	coşkulu davranmak	[dʒoʃkulu davranmak]

59. Karakter. Persoonlijkheid

karakter (het)	karakter	[karakter]
karakterfout (de)	karakter kusur	[karakter kusur]
verstand (het)	zekâ	[zekja]
rede (de)	akıl	[akıl]

geweten (het)	vicdan	[vidʒdan]
gewoonte (de)	alışkanlık	[alıʃkanlık]
bekwaamheid (de)	kabiliyet	[kabilijet]
kunnen (bijv., ~ zwemmen)	... -abilir, ... -ebilir	[abilir], [ebilir]

geduldig (bn)	sabırlı	[sabırlı]
ongeduldig (bn)	sabırsız	[sabırsız]
nieuwsgierig (bn)	meraklı	[meraklı]
nieuwsgierigheid (de)	merak	[merak]

bescheidenheid (de)	mütevazilik	[mytevazilik]
bescheiden (bn)	mütevazi	[mytevazi]
onbescheiden (bn)	küstah	[kystah]

luiheid (de)	tembellik	[tembelik]
lui (bn)	tembel	[tembel]
luiwammes (de)	tembel kimse	[tembel kimse]

sluwheid (de)	kurnazlık	[kurnazlık]
sluw (bn)	kurnaz	[kurnaz]
wantrouwen (het)	güvensizlik	[gyvensizlik]
wantrouwig (bn)	güvensiz	[gyvensiz]

gulheid (de)	cömertlik	[dʒømertlik]
gul (bn)	cömert	[dʒømert]
talentrijk (bn)	yetenekli	[jetenekli]
talent (het)	yetenek	[jetenek]

moedig (bn)	cesur	[dʒesur]
moed (de)	cesaret	[dʒesaret]
eerlijk (bn)	dürüst	[dyryst]
eerlijkheid (de)	dürüstlük	[dyrystlyk]

voorzichtig (bn)	ihtiyatlı	[ihtijatlı]
manhaftig (bn)	cesaretli	[dʒesaretli]

ernstig (bn)	ciddi	[dʒiddi]
streng (bn)	sert	[sert]

resoluut (bn)	kararlı	[kararlı]
onzeker, irresoluut (bn)	kararsız	[kararsız]
schuchter (bn)	çekingen	[tʃekingen]
schuchterheid (de)	çekingenlik	[tʃekingenlik]

vertrouwen (het)	güven	[gyven]
vertrouwen (ww)	güvenmek	[gyvenmek]
goedgelovig (bn)	güvenen	[gyvenen]

oprecht (bw)	samimi olarak	[samimi olarak]
oprecht (bn)	samimi	[samimi]
oprechtheid (de)	samimiyet	[samimijet]
open (bn)	açık	[atʃık]

rustig (bn)	sakin	[sakin]
openhartig (bn)	içten	[itʃten]
naïef (bn)	saf	[saf]
verstrooid (bn)	dalgın	[dalgın]
leuk, grappig (bn)	komik	[komik]

gierigheid (de)	cimrilik	[dʒimrilik]
gierig (bn)	cimri	[dʒimri]
inhalig (bn)	pinti	[pinti]
kwaad (bn)	kötü kalpli	[køty kalpli]
koppig (bn)	inatçı	[inatʃı]
onaangenaam (bn)	sevimsiz	[sevimsiz]

egoïst (de)	bencil	[bendʒil]
egoïstisch (bn)	bencil	[bendʒil]
lafaard (de)	korkak kimse	[korkak kimse]
laf (bn)	korkak	[korkak]

60. Slaap. Dromen

slapen (ww)	uyumak	[ujumak]
slaap (in ~ vallen)	uyku	[ujku]
droom (de)	düş, rüya	[dyʃ], [ruja]
dromen (in de slaap)	rüya görmek	[ryja gørmek]
slaperig (bn)	uykulu	[ujkulu]

bed (het)	yatak	[jatak]
matras (de)	şilte	[ʃilte]
deken (de)	battaniye	[battanije]
kussen (het)	yastık	[jastık]
laken (het)	çarşaf	[tʃarʃaf]

slapeloosheid (de)	uykusuzluk	[ujkusuzluk]
slapeloos (bn)	uykusuz	[ujkusuz]
slaapmiddel (het)	uyku hapı	[ujku hapı]
slaapmiddel innemen	uyku hapı almak	[ujku hapı almak]
willen slapen	uyumak istemek	[ujumak istemek]

geeuwen (ww)	esnemek	[esnemek]
gaan slapen	uyumaya gitmek	[ujumaja gitmek]
het bed opmaken	yatağı hazırlamak	[jataı hazırlamak]
inslapen (ww)	uykuya dalmak	[ujkuja dalmak]
nachtmerrie (de)	kabus	[kabus]
gesnurk (het)	horultu	[horultu]
snurken (ww)	horlamak	[horlamak]
wekker (de)	çalar saat	[ʧalar saat]
wekken (ww)	uyandırmak	[ujandırmak]
wakker worden (ww)	uyanmak	[ujanmak]
opstaan (ww)	kalkmak	[kalkmak]
zich wassen (ww)	yıkanmak	[jıkanmak]

61. Humor. Gelach. Blijdschap

humor (de)	mizah	[mizah]
gevoel (het) voor humor	mizah anlayışı	[mizah anlajıʃı]
plezier hebben (ww)	eğlenmek	[eelenmek]
vrolijk (bn)	neşeli	[neʃeli]
pret (de), plezier (het)	neşe	[neʃe]
glimlach (de)	gülümseme	[gylymseme]
glimlachen (ww)	gülümsemek	[gylymsemek]
beginnen te lachen (ww)	gülmeye başlamak	[gylmeje baʃlamak]
lachen (ww)	gülmek	[gylmek]
lach (de)	gülme	[gylme]
mop (de)	fıkra	[fıkra]
grappig (een ~ verhaal)	gülünçlü	[gylynʧly]
grappig (~e clown)	komik	[komik]
grappen maken (ww)	şaka yapmak	[ʃaka japmak]
grap (de)	şaka	[ʃaka]
blijheid (de)	neşe, sevinç	[neʃe], [sevinʧ]
blij zijn (ww)	sevinmek	[sevinmek]
blij (bn)	sevinçli	[sevinʧli]

62. Discussie, conversatie. Deel 1

communicatie (de)	iletişim	[iletiʃim]
communiceren (ww)	iletişim kurmak	[iletiʃim kurmak]
conversatie (de)	konuşma	[konuʃma]
dialoog (de)	diyalog	[dialog]
discussie (de)	müzakere	[myzakere]
debat (het)	tartışma	[tartıʃma]
debatteren, twisten (ww)	tartışmak	[tartıʃmak]
gesprekspartner (de)	muhatap	[muhatap]
thema (het)	konu	[konu]

standpunt (het)	bakış açısı	[bakıʃ atʃisɪ]
mening (de)	fikir, görüş	[fikir], [gøryʃ]
toespraak (de)	demeç	[demetʃ]

bespreking (de)	görüşme	[gøryʃme]
bespreken (spreken over)	görüşmek	[gøryʃmek]
gesprek (het)	sohbet	[sohbet]
spreken (converseren)	sohbet etmek	[sohbet etmek]
ontmoeting (de)	karşılaşma	[karʃılaʃma]
ontmoeten (ww)	karşılaşmak	[karʃılaʃmak]

spreekwoord (het)	atasözü	[atasøzy]
gezegde (het)	deyim	[dejim]
raadsel (het)	bilmece	[bilmedʒe]
een raadsel opgeven	bilmece sormak	[bilmedʒe sormak]
wachtwoord (het)	parola	[parola]
geheim (het)	sır	[sır]

eed (de)	yemin	[jemin]
zweren (een eed doen)	yemin etmek	[jemin etmek]
belofte (de)	vaat	[vaat]
beloven (ww)	vaat etmek	[vaat etmek]

advies (het)	tavsiye	[tavsije]
adviseren (ww)	tavsiye etmek	[tavsije etmek]
luisteren (gehoorzamen)	söz dinlemek	[søz dinlemek]

nieuws (het)	haber	[haber]
sensatie (de)	sansasyon	[sansasjon]
informatie (de)	bilgi	[bilgi]
conclusie (de)	sonuç	[sonutʃ]
stem (de)	ses	[ses]
compliment (het)	kompliman	[kompliman]
vriendelijk (bn)	nazik	[nazik]

woord (het)	söz	[søz]
zin (de), zinsdeel (het)	cümle	[dʒymle]
antwoord (het)	cevap	[dʒevap]

| waarheid (de) | doğru, gerçek | [dooru], [gertʃek] |
| leugen (de) | yalan | [jalan] |

gedachte (de)	düşünce	[dyʃyndʒe]
idee (de/het)	fikir	[fikir]
fantasie (de)	uydurma	[ujdurma]

63. Discussie, conversatie. Deel 2

gerespecteerd (bn)	sayın	[sajın]
respecteren (ww)	saygı göstermek	[sajgı gøstermek]
respect (het)	saygı	[sajgı]
Geachte … (brief)	Sevgili …, Sayın …	[sevgili], [sajın]
voorstellen (Mag ik jullie ~)	tanıştırmak	[tanıʃtırmak]
kennismaken (met …)	biriyle tanışmak	[birijle tanıʃmak]

intentie (de)	niyet	[nijet]
intentie hebben (ww)	niyetlenmek	[nijetlenmek]
wens (de)	dilek	[dilek]
wensen (ww)	dilemek	[dilemek]
verbazing (de)	hayret	[hajret]
verbazen (verwonderen)	şaşırtmak	[ʃaʃırtmak]
verbaasd zijn (ww)	şaşırmak	[ʃaʃırmak]
geven (ww)	vermek	[vermek]
nemen (ww)	almak	[almak]
teruggeven (ww)	iade etmek	[iade etmek]
retourneren (ww)	geri vermek	[geri vermek]
zich verontschuldigen	özür dilemek	[øzyr dilemek]
verontschuldiging (de)	özür	[øzyr]
vergeven (ww)	affetmek	[afetmek]
spreken (ww)	konuşmak	[konuʃmak]
luisteren (ww)	dinlemek	[dinlemek]
aanhoren (ww)	sonuna kadar dinlemek	[sonuna kadar dinlemek]
begrijpen (ww)	anlamak	[anlamak]
tonen (ww)	göstermek	[gøstermek]
kijken naar ...	... bakmak	[bakmak]
roepen (vragen te komen)	çağırmak	[tʃaɪrmak]
afleiden (storen)	canını sıkmak	[dʒanını sıkmak]
storen (lastigvallen)	rahatsız etmek	[rahatsız etmek]
doorgeven (ww)	iletmek	[iletmek]
verzoek (het)	rica, istek	[ridʒa], [istek]
verzoeken (ww)	rica etmek, istemek	[ridʒa etmek], [istemek]
eis (de)	talep	[talep]
eisen (met klem vragen)	talep etmek	[talep etmek]
beledigen	takılmak	[takılmak]
(beledigende namen geven)		
uitlachen (ww)	alay etmek	[alaj etmek]
spot (de)	alay	[alaj]
bijnaam (de)	lakap, takma ad	[lakap], [takma ad]
zinspeling (de)	ima	[ima]
zinspelen (ww)	ima etmek	[ima etmek]
impliceren (duiden op)	kastetmek	[kastetmek]
beschrijving (de)	tanım	[tanım]
beschrijven (ww)	betimlemek	[betimlemek]
lof (de)	övgü	[øvgy]
loven (ww)	övmek	[øvmek]
teleurstelling (de)	hayal kırıklığı	[hajal kırıklı:ı]
teleurstellen (ww)	hayal kırıklığına uğratmak	[hajal kırıklı:ına uratmak]
teleurgesteld zijn (ww)	hayal kırıklığına uğramak	[hajal kırıklı:ına uramak]
veronderstelling (de)	tahmin	[tahmin]
veronderstellen (ww)	tahmin etmek	[tahmin etmek]

61

waarschuwing (de)	uyarı	[ujarı]
waarschuwen (ww)	uyarmak	[ujarmak]

64. Discussie, conversatie. Deel 3

aanpraten (ww)	ikna etmek	[ikna etmek]
kalmeren (kalm maken)	yatıştırmak	[jatıʃtırmak]

stilte (de)	susma	[susma]
zwijgen (ww)	susmak	[susmak]
fluisteren (ww)	fısıldamak	[fısıldamak]
gefluister (het)	fısıltı	[fısıltı]

open, eerlijk (bw)	açıkça	[atʃıktʃa]
volgens mij ...	bence ...	[bendʒe]

detail (het)	ayrıntı	[ajrıntı]
gedetailleerd (bn)	ayrıntılı, detaylı	[ajrıntlı], [detajlı]
gedetailleerd (bw)	ayrıntılı olarak	[ajrıntlı olarak]

hint (de)	ipucu	[ipudʒu]
een hint geven	ipucu vermek	[ipudʒu vermek]

blik (de)	bakış	[bakıʃ]
een kijkje nemen	bakmak	[bakmak]
strak (een ~ke blik)	sabit	[sabit]
knipperen (ww)	kırpıştırmak	[kırpıʃtırmak]
knipogen (ww)	göz kırpmak	[gøz kırpmak]
knikken (ww)	başını sallamak	[baʃını sallamak]

zucht (de)	nefes	[nefes]
zuchten (ww)	nefes almak	[nefes almak]
huiveren (ww)	irkilmek	[irkilmek]
gebaar (het)	jest	[ʒest]
aanraken (ww)	dokunmak	[dokunmak]
grijpen (ww)	yapışmak	[japıʃmak]
een schouderklopje geven	hafifçe vurmak	[hafiftʃe vurmak]

Kijk uit!	Dikkat et!	[dikkat et]
Echt?	Acaba?	[adʒaba]
Succes!	İyi şanslar!	[iji ʃanslar]
Juist, ja!	Anlaşıldı!	[anlaʃıldı]
Wat jammer!	Maalesef!	[maalesef]

65. Overeenstemming. Weigering

instemming (het)	rıza	[rıza]
instemmen (akkoord gaan)	razı olmak	[razı olmak]
goedkeuring (de)	onay	[onaj]
goedkeuren (ww)	onaylamak	[onajlamak]
weigering (de)	ret	[ret]
weigeren (ww)	reddetmek	[reddetmek]

Geweldig!	Pek iyi!	[pek iji]
Goed!	İyi!	[iji]
Akkoord!	Tamam!	[tamam]

verboden (bn)	yasaklanmış	[jasaklanmıʃ]
het is verboden	yasaktır	[jasaktır]
het is onmogelijk	imkânsız	[imkansıs]
onjuist (bn)	yanlış	[janlıʃ]

afwijzen (ww)	geri çevirmek	[geri tʃevirmek]
steunen	desteklemek	[desteklemek]
(een goed doel, enz.)		
aanvaarden (excuses ~)	kabul etmek	[kabul etmek]

bevestigen (ww)	tasdik etmek	[tasdik etmek]
bevestiging (de)	tasdik	[tasdik]
toestemming (de)	izin	[izin]
toestaan (ww)	izin vermek	[izin vermek]
beslissing (de)	karar	[karar]
z'n mond houden (ww)	susmak	[susmak]

voorwaarde (de)	şart	[ʃart]
smoes (de)	bahane	[bahane]
lof (de)	övgü	[øvgy]
loven (ww)	övmek	[øvmek]

66. Succes. Veel geluk. Mislukking

succes (het)	başarı	[baʃarı]
succesvol (bw)	başarıyla	[baʃarıjla]
succesvol (bn)	başarılı	[baʃarılı]

geluk (het)	şans	[ʃans]
Succes!	İyi şanslar!	[iji ʃanslar]
geluks- (bn)	başarılı	[baʃarılı]
gelukkig (fortuinlijk)	şanslı	[ʃanslı]

mislukking (de)	başarısızlık	[baʃarısızlık]
tegenslag (de)	şanssızlık	[ʃansızlık]
pech (de)	talihsizlik	[talihsizlik]

zonder succes (bn)	başarısız	[baʃarısız]
catastrofe (de)	felâket	[felaket]

fierheid (de)	gurur	[gurur]
fier (bn)	gururlu	[gururlu]
fier zijn (ww)	gurur duymak	[gurur dujmak]

winnaar (de)	galip, kazanan	[galip], [kazanan]
winnen (ww)	yenmek	[jenmek]
verliezen (ww)	kaybetmek	[kajbetmek]
poging (de)	deneme	[deneme]
pogen, proberen (ww)	denemek	[denemek]
kans (de)	şans	[ʃans]

67. Ruzies. Negatieve emoties

schreeuw (de)	bağırtı	[baırtı]
schreeuwen (ww)	bağırmak	[baırmak]
beginnen te schreeuwen	bağırmaya başlamak	[baırmaja baʃlamak]
ruzie (de)	kavga	[kavga]
ruzie hebben (ww)	kavga etmek	[kavga etmek]
schandaal (het)	rezalet	[rezalet]
schandaal maken (ww)	rezalet çıkarmak	[rezalet tʃıkarmak]
conflict (het)	anlaşmazlık	[anlaʃmazlık]
misverstand (het)	yanlış anlama	[janlıʃ anlama]
belediging (de)	hakaret	[hakaret]
beledigen	hakaret etmek	[hakaret etmek]
(met scheldwoorden)		
beledigd (bn)	aşağılanan	[aʃaılanan]
krenking (de)	gücenme	[gydʒenme]
krenken (beledigen)	gücendirmek	[gydʒendirmek]
gekwetst worden (ww)	gücenmek	[gydʒenmek]
verontwaardiging (de)	dargınlık	[dargınlık]
verontwaardigd zijn (ww)	öfkelenmek	[øfkelenmek]
klacht (de)	şikayet	[ʃikajet]
klagen (ww)	şikayet etmek	[ʃikajet etmek]
verontschuldiging (de)	özür	[øzyr]
zich verontschuldigen	özür dilemek	[øzyr dilemek]
excuus vragen	af dilemek	[af dilemek]
kritiek (de)	eleştiri	[eleʃtiri]
bekritiseren (ww)	eleştirmek	[eleʃtirmek]
beschuldiging (de)	suçlama	[sutʃlama]
beschuldigen (ww)	suçlamak	[sutʃlamak]
wraak (de)	intikam	[intikam]
wreken (ww)	intikam almak	[intikam almak]
wraak nemen (ww)	geri ödemek	[geri ødemek]
minachting (de)	kibir	[kibir]
minachten (ww)	hor görmek	[hor gørmek]
haat (de)	nefret	[nefret]
haten (ww)	nefret etmek	[nefret etmek]
zenuwachtig (bn)	sinirli	[sinirli]
zenuwachtig zijn (ww)	sinirlenmek	[sinirlenmek]
boos (bn)	kızgın	[kızgın]
boos maken (ww)	kızdırmak	[kızdırmak]
vernedering (de)	aşağılama	[aʃaılama]
vernederen (ww)	aşağılamak	[aʃaılamak]
zich vernederen (ww)	küçük düşürmek	[kytʃuk dyʃyrmek]
schok (de)	şok	[ʃok]
schokken (ww)	şoke etmek	[ʃoke etmek]

onaangenaamheid (de)	bela	[bela]
onaangenaam (bn)	tatsız	[tatsız]
vrees (de)	korku	[korku]
vreselijk (bijv. ~ onweer)	müthiş	[mythiʃ]
eng (bn)	korkunç	[korkuntʃ]
gruwel (de)	dehşet	[dehʃet]
vreselijk (~ nieuws)	dehşetli	[dehʃetli]
huilen (wenen)	ağlamak	[aalamak]
beginnen te huilen (wenen)	ağlamaya başlamak	[aalamaja baʃlamak]
traan (de)	yaş	[jaʃ]
schuld (~ geven aan)	kabahat	[kabahat]
schuldgevoel (het)	suç	[sutʃ]
schande (de)	rezalet	[rezalet]
protest (het)	protesto	[protesto]
stress (de)	stres	[stres]
storen (lastigvallen)	rahatsız etmek	[rahatsız etmek]
kwaad zijn (ww)	kızmak	[kızmak]
kwaad (bn)	dargın	[dargın]
beëindigen (een relatie ~)	kesmek	[kesmek]
vloeken (ww)	sövmek	[søvmek]
schrikken (schrik krijgen)	korkmak	[korkmak]
slaan (iemand ~)	vurmak	[vurmak]
vechten (ww)	dövüşmek	[døvyʃmek]
regelen (conflict)	çözmek	[tʃøzmek]
ontevreden (bn)	memnun olmayan	[memnun olmajan]
woedend (bn)	öfkeli	[øfkeli]
Dat is niet goed!	O iyi değil!	[o iji deil]
Dat is slecht!	Bu kötü!	[bu køty]

Geneeskunde

68. Ziekten

ziekte (de)	hastalık	[hastalık]
ziek zijn (ww)	hasta olmak	[hasta olmak]
gezondheid (de)	sağlık	[saalık]

snotneus (de)	nezle	[nezle]
angina (de)	anjin	[anʒin]
verkoudheid (de)	soğuk algınlığı	[souk algınlı:ı]
verkouden raken (ww)	soğuk almak	[souk almak]

bronchitis (de)	bronşit	[bronʃit]
longontsteking (de)	zatürree	[zatyrree]
griep (de)	grip	[grip]

bijziend (bn)	miyop	[mijop]
verziend (bn)	hipermetrop	[hipermetrop]
scheelheid (de)	şaşılık	[ʃaʃılık]
scheel (bn)	şaşı	[ʃaʃı]
grauwe staar (de)	katarakt	[katarakt]
glaucoom (het)	glokoma	[glokoma]

beroerte (de)	felç	[feltʃ]
hartinfarct (het)	enfarktüs	[enfarktys]
myocardiaal infarct (het)	kalp krizi	[kalp krizi]
verlamming (de)	felç	[feltʃ]
verlammen (ww)	felç olmak	[feltʃ olmak]

allergie (de)	alerji	[alerʒi]
astma (de/het)	astım	[astım]
diabetes (de)	diyabet	[diabet]

| tandpijn (de) | diş ağrısı | [diʃ aarısı] |
| tandbederf (het) | diş çürümesi | [diʃ tʃurymesi] |

diarree (de)	ishal	[ishal]
constipatie (de)	kabız	[kabız]
maagstoornis (de)	mide bozukluğu	[mide bozukluu]
voedselvergiftiging (de)	zehirlenme	[zehirlenme]
voedselvergiftiging oplopen	zehirlenmek	[zehirlenmek]

artritis (de)	artrit, arterit	[artrit]
rachitis (de)	raşitizm	[raʃitizm]
reuma (het)	romatizma	[romatizma]
arteriosclerose (de)	damar sertliği	[damar sertli:i]

| gastritis (de) | gastrit | [gastrit] |
| blindedarmontsteking (de) | apandisit | [apandisit] |

| galblaasontsteking (de) | kolesistit | [kolesistit] |
| zweer (de) | ülser | [ylser] |

mazelen (mv.)	kızamık	[kızamık]
rodehond (de)	kızamıkçık	[kızamıktʃik]
geelzucht (de)	sarılık	[sarılık]
leverontsteking (de)	hepatit	[hepatit]

schizofrenie (de)	şizofreni	[ʃizofreni]
dolheid (de)	kuduz hastalığı	[kuduz hastalı:ı]
neurose (de)	nevroz	[nevroz]
hersenschudding (de)	beyin kanaması	[bejin kanaması]

kanker (de)	kanser	[kanser]
sclerose (de)	skleroz	[skleroz]
multiple sclerose (de)	multipl skleroz	[multipl skleroz]

alcoholisme (het)	alkoliklik	[alkoliklik]
alcoholicus (de)	alkolik	[alkolik]
syfilis (de)	frengi	[frengi]
AIDS (de)	AİDS	[eids]

tumor (de)	tümör, ur	[tymør], [jur]
kwaadaardig (bn)	kötü huylu	[køty hujlu]
goedaardig (bn)	iyi huylu	[iji hujlu]

koorts (de)	sıtma	[sıtma]
malaria (de)	malarya	[malarja]
gangreen (het)	kangren	[kangren]
zeeziekte (de)	deniz tutması	[deniz tutması]
epilepsie (de)	epilepsi	[epilepsi]

epidemie (de)	salgın	[salgın]
tyfus (de)	tifüs	[tifys]
tuberculose (de)	verem	[verem]
cholera (de)	kolera	[kolera]
pest (de)	veba	[veba]

69. Symptomen. Behandelingen. Deel 1

symptoom (het)	belirti	[belirti]
temperatuur (de)	ateş	[ateʃ]
verhoogde temperatuur (de)	yüksek ateş	[juksek ateʃ]
polsslag (de)	nabız	[nabız]

duizeling (de)	baş dönmesi	[baʃ dønmesi]
heet (erg warm)	ateşli	[ateʃli]
koude rillingen (mv.)	üşüme	[yʃyme]
bleek (bn)	solgun	[solgun]

hoest (de)	öksürük	[øksyryk]
hoesten (ww)	öksürmek	[øksyrmek]
niezen (ww)	hapşırmak	[hapʃırmak]
flauwte (de)	baygınlık	[bajgınlık]

flauwvallen (ww)	bayılmak	[bajılmak]
blauwe plek (de)	çürük	[tʃuryk]
buil (de)	şişlik	[ʃiʃlik]
zich stoten (ww)	çarpmak	[tʃarpmak]
kneuzing (de)	yara	[jara]
kneuzen (gekneusd zijn)	yaralamak	[jaralamak]

hinken (ww)	topallamak	[topallamak]
verstuiking (de)	çıkık	[tʃıkık]
verstuiken (enkel, enz.)	çıkmak	[tʃıkmak]
breuk (de)	kırık, fraktür	[kırık], [fraktyr]
een breuk oplopen	kırılmak	[kırılmak]

snijwond (de)	kesik	[kesik]
zich snijden (ww)	bir yerini kesmek	[bir jerini kesmek]
bloeding (de)	kanama	[kanama]

| brandwond (de) | yanık | [janık] |
| zich branden (ww) | yanmak | [janmak] |

prikken (ww)	batırmak	[batırmak]
zich prikken (ww)	batırmak	[batırmak]
blesseren (ww)	yaralamak	[jaralamak]
blessure (letsel)	yara, zarar	[jara], [zarar]
wond (de)	yara	[jara]
trauma (het)	sarsıntı	[sarsıntı]

ijlen (ww)	sayıklamak	[sajıklamak]
stotteren (ww)	kekelemek	[kekelemek]
zonnesteek (de)	güneş çarpması	[gyneʃ tʃarpması]

70. Symptomen. Behandelingen. Deel 2

| pijn (de) | acı | [adʒı] |
| splinter (de) | kıymık | [kıjmık] |

zweet (het)	ter	[ter]
zweten (ww)	terlemek	[terlemek]
braking (de)	kusma	[kusma]
stuiptrekkingen (mv.)	kramp	[kramp]

zwanger (bn)	hamile	[hamile]
geboren worden (ww)	doğmak	[doomak]
geboorte (de)	doğum	[doum]
baren (ww)	doğurmak	[dourmak]
abortus (de)	çocuk düşürme	[tʃodʒuk dyʃyrme]

ademhaling (de)	respirasyon	[respirasjon]
inademing (de)	soluk alma	[soluk alma]
uitademing (de)	soluk verme	[soluk verme]
uitademen (ww)	soluk vermek	[soluk vermek]
inademen (ww)	bir soluk almak	[bir soluk almak]
invalide (de)	malul	[malyl]
gehandicapte (de)	sakat	[sakat]

drugsverslaafde (de)	uyuşturucu bağımlısı	[ujuʃturudʒu baımlısı]
doof (bn)	sağır	[saır]
stom (bn)	dilsiz	[dilsiz]
doofstom (bn)	sağır ve dilsiz	[saır ve dilsiz]

krankzinnig (bn)	deli	[deli]
krankzinnige (man)	deli adam	[deli adam]
krankzinnige (vrouw)	deli kadın	[deli kadın]
krankzinnig worden	çıldırmak	[tʃıldırmak]

gen (het)	gen	[gen]
immuniteit (de)	bağışıklık	[baıʃıklık]
erfelijk (bn)	irsi, kalıtsal	[irsi], [kalıtsal]
aangeboren (bn)	doğuştan	[douʃtan]

virus (het)	virüs	[virys]
microbe (de)	mikrop	[mikrop]
bacterie (de)	bakteri	[bakteri]
infectie (de)	enfeksiyon	[enfeksijon]

71. Symptomen. Behandelingen. Deel 3

| ziekenhuis (het) | hastane | [hastane] |
| patiënt (de) | hasta | [hasta] |

diagnose (de)	teşhis	[teʃhis]
genezing (de)	çare	[tʃare]
medische behandeling (de)	tedavi	[tedavi]
onder behandeling zijn	tedavi görmek	[tedavi gørmek]
behandelen (ww)	tedavi etmek	[tedavi etmek]
zorgen (zieken ~)	hastaya bakmak	[hastaja bakmak]
ziekenzorg (de)	hasta bakımı	[hasta bakımı]

operatie (de)	ameliyat	[amelijat]
verbinden (een arm ~)	pansuman yapmak	[pansuman japmak]
verband (het)	pansuman	[pansuman]

vaccin (het)	aşılama	[aʃılama]
inenten (vaccineren)	aşı yapmak	[aʃı japmak]
injectie (de)	iğne	[i:ine]
een injectie geven	iğne yapmak	[i:ine japmak]

aanval (de)	atak	[atak]
amputatie (de)	ampütasyon	[ampytasjon]
amputeren (ww)	ameliyatla almak	[amelijatla almak]
coma (het)	koma	[koma]
in coma liggen	komada olmak	[komada olmak]
intensieve zorg, ICU (de)	yoğun bakım	[joun bakım]

zich herstellen (ww)	iyileşmek	[ijileʃmek]
toestand (de)	durum	[durum]
bewustzijn (het)	bilinç	[bilintʃ]
geheugen (het)	hafıza	[hafıza]
trekken (een kies ~)	çekmek	[tʃekmek]

| vulling (de) | dolgu | [dolgu] |
| vullen (ww) | dolgu yapmak | [dolgu japmak] |

| hypnose (de) | hipnoz | [hipnoz] |
| hypnotiseren (ww) | hipnotize etmek | [hipnotize etmek] |

72. Artsen

dokter, arts (de)	doktor	[doktor]
ziekenzuster (de)	hemşire	[hemʃire]
lijfarts (de)	özel doktor	[øzel doktor]

tandarts (de)	dişçi	[diʃtʃi]
oogarts (de)	göz doktoru	[gøz doktoru]
therapeut (de)	pratisyen doktor	[pratisjen doktor]
chirurg (de)	cerrah	[dʒerrah]

psychiater (de)	psikiyatr	[psikijatr]
pediater (de)	çocuk doktoru	[tʃodʒuk doktoru]
psycholoog (de)	psikolog	[psikolog]
gynaecoloog (de)	kadın doktoru	[kadın doktoru]
cardioloog (de)	kardiyoloji uzmanı	[kardiolʒi uzmanı]

73. Geneeskunde. Medicijnen. Accessoires

geneesmiddel (het)	ilaç	[ilatʃ]
middel (het)	deva	[deva]
voorschrijven (ww)	yazmak	[jazmak]
recept (het)	reçete	[retʃete]

tablet (de/het)	hap	[hap]
zalf (de)	merhem	[merhem]
ampul (de)	ampul	[ampul]
drank (de)	solüsyon	[solysjon]
siroop (de)	şurup	[ʃurup]
pil (de)	kapsül	[kapsyl]
poeder (de/het)	toz	[toz]

verband (het)	bandaj	[bandaʒ]
watten (mv.)	pamuk	[pamuk]
jodium (het)	iyot	[ijot]

pleister (de)	yara bandı	[jara bandı]
pipet (de)	damlalık	[damlalık]
thermometer (de)	derece	[deredʒe]
spuit (de)	şırınga	[ʃiringa]

| rolstoel (de) | tekerlekli sandalye | [tekerlekli sandalje] |
| krukken (mv.) | koltuk değneği | [koltuk deenei] |

| pijnstiller (de) | anestetik | [anestetik] |
| laxeermiddel (het) | müshil | [myshil] |

spiritus (de)	ispirto	[ispirto]
medicinale kruiden (mv.)	şifalı bitkiler	[ʃifalı bitkiler]
kruiden- (abn)	bitkisel	[bitkisel]

74. Roken. Tabaksproducten

tabak (de)	tütün	[tytyn]
sigaret (de)	sigara	[sigara]
sigaar (de)	puro	[puro]
pijp (de)	pipo	[pipo]
pakje (~ sigaretten)	paket sigara	[paket sigara]

lucifers (mv.)	kibrit	[kibrit]
luciferdoosje (het)	kibrit kutusu	[kibrit kutusu]
aansteker (de)	çakmak	[tʃakmak]
asbak (de)	küllük	[kyllyk]
sigarettendoosje (het)	sigara tabakası	[sigara tabakası]

| sigarettenpijpje (het) | ağızlık | [aızlık] |
| filter (de/het) | filtre | [filtre] |

roken (ww)	içmek	[itʃmek]
een sigaret opsteken	sigara yakmak	[sigara jakmak]
roken (het)	sigara içme	[sigara itʃme]
roker (de)	sigara tiryakisi	[sigara tirijakisı]

peuk (de)	izmarit	[izmarit]
rook (de)	duman	[duman]
as (de)	kül	[kyl]

HET MENSELIJKE LEEFGEBIED

Stad

75. Stad. Het leven in de stad

stad (de)	kent, şehir	[kent], [ʃehir]
hoofdstad (de)	başkent	[baʃkent]
dorp (het)	köy	[køj]
plattegrond (de)	şehir planı	[ʃehir planı]
centrum (ov. een stad)	şehir merkezi	[ʃehir merkezi]
voorstad (de)	varoş	[varoʃ]
voorstads- (abn)	banliyö	[banljø]
randgemeente (de)	şehir kenarı	[ʃehir kenarı]
omgeving (de)	çevre	[ʧevre]
blok (huizenblok)	mahalle	[mahale]
woonwijk (de)	yerleşim bölgesi	[jerleʃim bølgesi]
verkeer (het)	trafik	[trafik]
verkeerslicht (het)	trafik ışıkları	[trafik ıʃıkları]
openbaar vervoer (het)	toplu taşıma	[toplu taʃıma]
kruispunt (het)	kavşak	[kavʃak]
zebrapad (oversteekplaats)	yaya geçidi	[jaja geʧidi]
onderdoorgang (de)	yeraltı geçidi	[jeraltı geʧidi]
oversteken (de straat ~)	geçmek	[geʧmek]
voetganger (de)	yaya	[jaja]
trottoir (het)	yaya kaldırımı	[jaja kaldırımı]
brug (de)	köprü	[køpry]
dijk (de)	rıhtım	[rıhtım]
fontein (de)	çeşme	[ʧeʃme]
allee (de)	park yolu	[park jolu]
park (het)	park	[park]
boulevard (de)	bulvar	[bulvar]
plein (het)	meydan	[mejdan]
laan (de)	geniş cadde	[geniʃ ʤadde]
straat (de)	sokak, cadde	[sokak], [ʤadde]
zijstraat (de)	ara sokak	[ara sokak]
doodlopende straat (de)	çıkmaz sokak	[ʧıkmaz sokak]
huis (het)	ev	[ev]
gebouw (het)	bina	[bina]
wolkenkrabber (de)	gökdelen	[gøkdelen]
gevel (de)	cephe	[ʤephe]
dak (het)	çatı	[ʧatı]

venster (het)	pencere	[pendʒere]
boog (de)	kemer	[kemer]
pilaar (de)	sütün	[sytyn]
hoek (ov. een gebouw)	köşe	[køʃe]

vitrine (de)	vitrin	[vitrin]
gevelreclame (de)	levha	[levha]
affiche (de/het)	afiş	[afiʃ]
reclameposter (de)	reklam panosu	[reklam panosu]
aanplakbord (het)	reklam panosu	[reklam panosu]

vuilnis (de/het)	çöp	[ʧøp]
vuilnisbak (de)	çöp tenekesi	[ʧøp tenekesi]
afval weggooien (ww)	çöp atmak	[ʧøp atmak]
stortplaats (de)	çöplük	[ʧøplyk]

telefooncel (de)	telefon kulübesi	[telefon kylybesi]
straatlicht (het)	fener direği	[fener direi]
bank (de)	bank	[bank]

politieagent (de)	erkek polis	[erkek polis]
politie (de)	polis	[polis]
zwerver (de)	dilenci	[dilendʒi]
dakloze (de)	evsiz	[evsiz]

76. Stedelijke instellingen

winkel (de)	mağaza	[maaza]
apotheek (de)	eczane	[edʒzane]
optiek (de)	optik	[optik]
winkelcentrum (het)	alışveriş merkezi	[alıʃveriʃ merkezi]
supermarkt (de)	süpermarket	[sypermarket]

bakkerij (de)	ekmekçi dükkânı	[ekmekʧi dykkanı]
bakker (de)	fırıncı	[fırındʒı]
banketbakkerij (de)	pastane	[pastane]
kruidenier (de)	bakkaliye	[bakkalije]
slagerij (de)	kasap dükkanı	[kasap dykkanı]

| groentewinkel (de) | manav | [manav] |
| markt (de) | çarşı | [ʧarʃı] |

koffiehuis (het)	kahvehane	[kahvehane]
restaurant (het)	restoran	[restoran]
bar (de)	birahane	[birahane]
pizzeria (de)	pizzacı	[pizadʒı]

kapperssalon (de/het)	kuaför salonu	[kuafør salonu]
postkantoor (het)	postane	[postane]
stomerij (de)	kuru temizleme	[kuru temizleme]
fotostudio (de)	fotoğraf stüdyosu	[fotoraf stydjosu]

| schoenwinkel (de) | ayakkabı mağazası | [ajakkabı maazası] |
| boekhandel (de) | kitabevi | [kitabevi] |

sportwinkel (de)	spor mağazası	[spor maazası]
kledingreparatie (de)	elbise tamiri	[elbise tamiri]
kledingverhuur (de)	giysi kiralama	[gijsı kiralama]
videotheek (de)	film kiralama	[film kiralama]

circus (de/het)	sirk	[sirk]
dierentuin (de)	hayvanat bahçesi	[hajvanat bahtʃesi]
bioscoop (de)	sinema	[sinema]
museum (het)	müze	[myze]
bibliotheek (de)	kütüphane	[kytyphane]

theater (het)	tiyatro	[tijatro]
opera (de)	opera	[opera]
nachtclub (de)	gece kulübü	[gedʒe kulyby]
casino (het)	kazino	[kazino]

moskee (de)	cami	[dʒami]
synagoge (de)	sinagog	[sinagog]
kathedraal (de)	katedral	[katedral]
tempel (de)	ibadethane	[ibadethane]
kerk (de)	kilise	[kilise]

instituut (het)	enstitü	[enstity]
universiteit (de)	üniversite	[yniversite]
school (de)	okul	[okul]

gemeentehuis (het)	belediye	[beledije]
stadhuis (het)	belediye	[beledije]
hotel (het)	otel	[otel]
bank (de)	banka	[banka]

ambassade (de)	elçilik	[eltʃilik]
reisbureau (het)	seyahat acentesi	[sejahat adʒentesi]
informatieloket (het)	danışma bürosu	[danıʃma byrosu]
wisselkantoor (het)	döviz bürosu	[døviz byrosu]

metro (de)	metro	[metro]
ziekenhuis (het)	hastane	[hastane]

benzinestation (het)	benzin istasyonu	[benzin istasjonu]
parking (de)	park yeri	[park jeri]

77. Stedelijk vervoer

bus, autobus (de)	otobüs	[otobys]
tram (de)	tramvay	[tramvaj]
trolleybus (de)	troleybüs	[trolejbys]
route (de)	rota	[rota]
nummer (busnummer, enz.)	numara	[numara]

rijden met ...	... gitmek	[gitmek]
stappen (in de bus ~)	... binmek	[binmek]
afstappen (ww)	... inmek	[inmek]
halte (de)	durak	[durak]

volgende halte (de)	sonraki durak	[sonraki durak]
eindpunt (het)	son durak	[son durak]
dienstregeling (de)	tarife	[tarife]
wachten (ww)	beklemek	[beklemek]

kaartje (het)	bilet	[bilet]
reiskosten (de)	bilet fiyatı	[bilet fijatı]

kassier (de)	kasiyer	[kasijer]
kaartcontrole (de)	bilet kontrolü	[bilet kontroly]
controleur (de)	kondüktör	[kondyktør]

te laat zijn (ww)	gecikmek	[gedʒikmek]
missen (de bus ~)	... kaçırmak	[katʃırmak]
zich haasten (ww)	acele etmek	[adʒele etmek]

taxi (de)	taksi	[taksi]
taxichauffeur (de)	taksici	[taksidʒi]
met de taxi (bw)	taksiyle	[taksijle]
taxistandplaats (de)	taksi durağı	[taksi duraı]
een taxi bestellen	taksi çağırmak	[taksi tʃaırmak]
een taxi nemen	taksi tutmak	[taksi tutmak]

verkeer (het)	trafik	[trafik]
file (de)	trafik sıkışıklığı	[trafik sıkıʃıklıːı]
spitsuur (het)	bitirim ikili	[bitirim ikili]
parkeren (on.ww.)	park etmek	[park etmek]
parkeren (ov.ww.)	park etmek	[park etmek]
parking (de)	park yeri	[park jeri]

metro (de)	metro	[metro]
halte (bijv. kleine treinhalte)	istasyon	[istasjon]
de metro nemen	metroya binmek	[metroja binmek]
trein (de)	tren	[tren]
station (treinstation)	istasyon	[istasjon]

78. Bezienswaardigheden

monument (het)	anıt	[anıt]
vesting (de)	kale	[kale]
paleis (het)	saray	[saraj]
kasteel (het)	şato	[ʃato]
toren (de)	kule	[kule]
mausoleum (het)	anıtkabir	[anıtkabir]

architectuur (de)	mimarlık	[mimarlık]
middeleeuws (bn)	ortaçağ	[ortatʃaa]
oud (bn)	antik, eski	[antik], [eski]
nationaal (bn)	milli	[milli]
bekend (bn)	meşhur	[meʃhur]

toerist (de)	turist	[turist]
gids (de)	rehber	[rehber]
rondleiding (de)	gezi	[gezi]

tonen (ww)	göstermek	[gøstermek]
vertellen (ww)	anlatmak	[anlatmak]

vinden (ww)	bulmak	[bulmak]
verdwalen (de weg kwijt zijn)	kaybolmak	[kajbolmak]
plattegrond (~ van de metro)	şema	[ʃema]
plattegrond (~ van de stad)	plan	[plan]

souvenir (het)	hediye	[hedije]
souvenirwinkel (de)	hediyelik eşya mağazası	[hedijelik eʃja maazası]
foto's maken	fotoğraf çekmek	[fotoraf ʧekmek]
zich laten fotograferen	fotoğraf çektirmek	[fotoraf ʧektirmek]

79. Winkelen

kopen (ww)	satın almak	[satın almak]
aankoop (de)	satın alınan şey	[satın alınan ʃej]
winkelen (ww)	alışverişe gitmek	[alıʃveriʃe gitmek]
winkelen (het)	alışveriş	[alıʃveriʃ]

open zijn (ov. een winkel, enz.)	çalışmak	[ʧalıʃmak]
gesloten zijn (ww)	kapanmak	[kapanmak]

schoeisel (het)	ayakkabı	[ajakkabı]
kleren (mv.)	elbise	[elbise]
cosmetica (mv.)	kozmetik	[kozmetik]
voedingswaren (mv.)	gıda ürünleri	[gıda jurynleri]
geschenk (het)	hediye	[hedije]

verkoper (de)	satıcı	[satıdʒı]
verkoopster (de)	satıcı kadın	[satıdʒı kadın]

kassa (de)	kasa	[kasa]
spiegel (de)	ayna	[ajna]
toonbank (de)	tezgâh	[tezgjah]
paskamer (de)	deneme kabini	[deneme kabini]

aanpassen (ww)	prova yapmak	[prova japmak]
passen (ov. kleren)	uymak	[ujmak]
bevallen (prettig vinden)	hoşlanmak	[hoʃlanmak]

prijs (de)	fiyat	[fijat]
prijskaartje (het)	fiyat etiketi	[fijat etiketleri]
kosten (ww)	değerinde olmak	[deerinde olmak]
Hoeveel?	Kaç?	[kaʧ]
korting (de)	indirim	[indirim]

niet duur (bn)	masrafsız	[masrafsıs]
goedkoop (bn)	ucuz	[udʒuz]
duur (bn)	pahalı	[pahalı]
Dat is duur.	bu pahalıdır	[bu pahalıdır]
verhuur (de)	kira	[kira]
huren (smoking, enz.)	kiralamak	[kiralamak]

krediet (het)	kredi	[kredi]
op krediet (bw)	krediyle	[kredijle]

80. Geld

geld (het)	para	[para]
ruil (de)	kambiyo	[kambijo]
koers (de)	kur	[kur]
geldautomaat (de)	bankamatik	[bankamatik]
muntstuk (de)	para	[para]

dollar (de)	dolar	[dolar]
euro (de)	Euro	[juro]

lire (de)	liret	[liret]
Duitse mark (de)	Alman markı	[alman markı]
frank (de)	frank	[frank]
pond sterling (het)	İngiliz sterlini	[ingiliz sterlini]
yen (de)	yen	[jen]

schuld (geldbedrag)	borç	[bortʃ]
schuldenaar (de)	borçlu	[bortʃlu]
uitlenen (ww)	borç vermek	[bortʃ vermek]
lenen (geld ~)	borç almak	[bortʃ almak]

bank (de)	banka	[banka]
bankrekening (de)	hesap	[hesap]
op rekening storten	para yatırmak	[para jatırmak]
opnemen (ww)	hesaptan çekmek	[hesaptan tʃekmek]

kredietkaart (de)	kredi kartı	[kredi kartı]
baar geld (het)	nakit para	[nakit para]
cheque (de)	çek	[tʃek]
een cheque uitschrijven	çek yazmak	[tʃek jazmak]
chequeboekje (het)	çek defteri	[tʃek defteri]

portefeuille (de)	cüzdan	[dʒyzdan]
geldbeugel (de)	para cüzdanı	[para dʒyzdanı]
safe (de)	para kasası	[para kasası]

erfgenaam (de)	mirasçı	[mirastʃı]
erfenis (de)	miras	[miras]
fortuin (het)	varlık	[varlık]

huur (de)	kira	[kira]
huurprijs (de)	ev kirası	[ev kirası]
huren (huis, kamer)	kiralamak	[kiralamak]

prijs (de)	fiyat	[fijat]
kostprijs (de)	maliyet	[malijet]
som (de)	toplam	[toplam]

uitgeven (geld besteden)	harcamak	[hardʒamak]
kosten (mv.)	masraflar	[masraflar]

| bezuinigen (ww) | idareli kullanmak | [idareli kullanmak] |
| zuinig (bn) | tutumlu | [tutumlu] |

betalen (ww)	ödemek	[ødemek]
betaling (de)	ödeme	[ødeme]
wisselgeld (het)	para üstü	[para justy]

belasting (de)	vergi	[vergi]
boete (de)	ceza	[dʒeza]
beboeten (bekeuren)	ceza kesmek	[dʒeza kesmek]

81. Post. Postkantoor

postkantoor (het)	postane	[postane]
post (de)	posta	[posta]
postbode (de)	postacı	[postadʒı]
openingsuren (mv.)	çalışma saatleri	[ʧalıʃma saatleri]

brief (de)	mektup	[mektup]
aangetekende brief (de)	taahhütlü mektup	[ta:hhytly mektup]
briefkaart (de)	kart	[kart]
telegram (het)	telgraf	[telgraf]
postpakket (het)	koli	[koli]
overschrijving (de)	para havalesi	[para havalesi]

ontvangen (ww)	almak	[almak]
sturen (zenden)	göndermek	[gøndermek]
verzending (de)	gönderme	[gønderme]

adres (het)	adres	[adres]
postcode (de)	endeks, indeks	[endeks], [indeks]
verzender (de)	gönderen	[gønderen]
ontvanger (de)	alıcı	[alıdʒı]

| naam (de) | ad, isim | [ad], [isim] |
| achternaam (de) | soyadı | [sojadı] |

tarief (het)	tarife	[tarife]
standaard (bn)	normal	[normal]
zuinig (bn)	ekonomik	[ekonomik]

gewicht (het)	ağırlık	[aırlık]
afwegen (op de weegschaal)	tartmak	[tartmak]
envelop (de)	zarf	[zarf]
postzegel (de)	pul	[pul]

Woning. Huis. Thuis

82. Huis. Woning

huis (het)	ev	[ev]
thuis (bw)	evde	[evde]
cour (de)	avlu	[avlu]
omheining (de)	parmaklık	[parmaklık]
baksteen (de)	tuğla	[tuula]
van bakstenen	tuğla	[tuula]
steen (de)	taş	[taʃ]
stenen (bn)	taş, taştan	[taʃ], [taʃtan]
beton (het)	beton	[beton]
van beton	beton	[beton]
nieuw (bn)	yeni	[jeni]
oud (bn)	eski	[eski]
vervallen (bn)	bakımsız, harap	[bakımsız], [harap]
modern (bn)	modern	[modern]
met veel verdiepingen	çok katlı	[tʃok katlı]
hoog (bn)	yüksek	[juksek]
verdieping (de)	kat	[kat]
met een verdieping	tek katlı	[tek katlı]
laagste verdieping (de)	alt kat	[alt kat]
bovenverdieping (de)	üst kat	[yst kat]
dak (het)	çatı	[tʃatı]
schoorsteen (de)	baca	[badʒa]
dakpan (de)	kiremit	[kiremit]
pannen- (abn)	kiremitli	[kiremitli]
zolder (de)	çatı arası	[tʃatı arası]
venster (het)	pencere	[pendʒere]
glas (het)	cam	[dʒam]
vensterbank (de)	pencere kenarı	[pendʒere kenarı]
luiken (mv.)	kepenk	[kepenk]
muur (de)	duvar	[duvar]
balkon (het)	balkon	[balkon]
regenpijp (de)	yağmur borusu	[jaamur borusu]
boven (bw)	yukarıda	[jukarıda]
naar boven gaan (ww)	üst kata çıkmak	[yst kata tʃıkmak]
afdalen (on.ww.)	aşağı inmek	[aʃaı inmek]
verhuizen (ww)	taşınmak	[taʃınmak]

83. Huis. Ingang. Lift

ingang (de)	giriş	[giriʃ]
trap (de)	merdiven	[merdiven]
treden (mv.)	basamaklar	[basamaklar]
trapleuning (de)	korkuluk	[korkuluk]
hal (de)	hol	[hol]

postbus (de)	posta kutusu	[posta kutusu]
vuilnisbak (de)	çöp tenekesi	[ʧøp tenekesi]
vuilniskoker (de)	çöp bacası	[ʧøp badʒası]

lift (de)	asansör	[asansør]
goederenlift (de)	yük asansörü	[juk asansøry]
liftcabine (de)	asansör kabini	[asansør kabini]
de lift nemen	asansöre binmek	[asansørle binmek]

appartement (het)	daire	[daire]
bewoners (mv.)	oturanlar	[oturanlar]
buurman (de)	komşu	[komʃu]
buurvrouw (de)	komşu	[komʃu]
buren (mv.)	komşular	[komʃular]

84. Huis. Deuren. Sloten

deur (de)	kapı	[kapı]
toegangspoort (de)	bahçe kapısı	[bahʧe kapısı]
deurkruk (de)	kol	[kol]
ontsluiten (ontgrendelen)	sürgüyü açmak	[syrgyju aʧmak]
openen (ww)	açmak	[aʧmak]
sluiten (ww)	kapamak	[kapamak]

sleutel (de)	anahtar	[anahtar]
sleutelbos (de)	anahtarlık	[anahtarlık]
knarsen (bijv. scharnier)	gıcırdamak	[gıdʒırdamak]
knarsgeluid (het)	gıcırtı	[gıdʒırtı]
scharnier (het)	menteşe	[menteʃe]
deurmat (de)	paspas	[paspas]

slot (het)	kilit	[kilit]
sleutelgat (het)	anahtar deliği	[anahtar deli:i]
grendel (de)	kapı sürgüsü	[kapı syrgysy]
schuif (de)	sürme	[syrme]
hangslot (het)	asma kilit	[asma kilit]

aanbellen (ww)	zil çalmak	[zil ʧalmak]
bel (geluid)	zil sesi	[zil sesi]
deurbel (de)	zil	[zil]
belknop (de)	düğme	[dyjme]
geklop (het)	kapıyı çalma	[kapıjı ʧalma]
kloppen (ww)	kapıyı çalmak	[kapıjı ʧalmak]
code (de)	kod	[kod]
cijferslot (het)	şifreli kilit	[ʃifreli kilit]

parlofoon (de)	kapı telefonu	[kapı telefonu]
nummer (het)	numara	[numara]
naambordje (het)	levha	[levha]
deurspion (de)	kapı gözü	[kapı gøzy]

85. Huis op het platteland

dorp (het)	köy	[køj]
moestuin (de)	sebze bahçesi	[sebze bahʧesi]
hek (het)	duvar	[duvar]
houten hekwerk (het)	çit	[ʧit]
tuinpoortje (het)	çit, bahçe kapısı	[ʧit], [bahʧe kapısı]

| graanschuur (de) | tahıl ambarı | [tahıl ambarı] |
| wortelkelder (de) | mahzen | [mahzen] |

| schuur (de) | kulübe | [kulybe] |
| waterput (de) | kuyu | [kuju] |

kachel (de)	soba	[soba]
de kachel stoken	yakmak	[jakmak]
brandhout (het)	yakacak odun	[jakaʤak odun]
houtblok (het)	odun	[odun]

| veranda (de) | veranda | [veranda] |
| terras (het) | teras | [teras] |

| bordes (het) | eşik | [eʃik] |
| schommel (de) | salıncak | [salınʤak] |

86. Kasteel. Paleis

kasteel (het)	şato	[ʃato]
paleis (het)	saray	[saraj]
vesting (de)	kale	[kale]

ringmuur (de)	kale duvarı	[kale duvarı]
toren (de)	kule	[kule]
donjon (de)	ana kule	[ana kule]

valhek (het)	kale kapısı	[kale kapısı]
onderaardse gang (de)	yeraltı yolu	[jeraltı jolu]
slotgracht (de)	hendek	[hendek]

| ketting (de) | zincir | [zinʤir] |
| schietgat (het) | mazgal | [mazgal] |

| prachtig (bn) | muhteşem | [muhteʃem] |
| majestueus (bn) | azametli | [azametli] |

| onneembaar (bn) | fethedilmez | [fethedilmez] |
| middeleeuws (bn) | ortaçağ | [ortaʧaa] |

87. Appartement

appartement (het)	daire	[daire]
kamer (de)	oda	[oda]
slaapkamer (de)	yatak odası	[jatak odası]
eetkamer (de)	yemek odası	[jemek odası]
salon (de)	misafir odası	[misafir odası]
studeerkamer (de)	çalışma odası	[tʃalɯʃma odası]

gang (de)	antre	[antre]
badkamer (de)	banyo odası	[banjo odası]
toilet (het)	tuvalet	[tuvalet]

plafond (het)	tavan	[tavan]
vloer (de)	taban, yer	[taban], [jer]
hoek (de)	köşesi	[køʃesi]

88. Appartement. Schoonmaken

schoonmaken (ww)	toplamak	[toplamak]
opbergen (in de kast, enz.)	istiflemek	[istiflemek]
stof (het)	toz	[toz]
stoffig (bn)	tozlu	[tozlu]
stoffen (ww)	toz almak	[toz almak]
stofzuiger (de)	elektrik süpürgesi	[elektrik sypyrgesi]
stofzuigen (ww)	elektrik süpürgesi ile süpürmek	[elektrik sypyrgesi ile sypyrmek]

vegen (de vloer ~)	süpürmek	[sypyrmek]
veegsel (het)	süprüntü	[syprynty]
orde (de)	düzen	[dyzen]
wanorde (de)	karışıklık	[karɯʃɯklɯk]

zwabber (de)	paspas	[paspas]
poetsdoek (de)	bez	[bez]
veger (de)	süpürge	[sypyrge]
stofblik (het)	faraş	[faraʃ]

89. Meubels. Interieur

meubels (mv.)	mobilya	[mobilja]
tafel (de)	masa	[masa]
stoel (de)	sandalye	[sandalje]
bed (het)	yatak	[jatak]
bankstel (het)	kanape	[kanape]
fauteuil (de)	koltuk	[koltuk]

boekenkast (de)	kitaplık	[kitaplık]
boekenrek (het)	kitap rafı	[kitap rafı]
kledingkast (de)	elbise dolabı	[elbise dolabı]
kapstok (de)	duvar askısı	[duvar askısı]

staande kapstok (de)	portmanto	[portmanto]
commode (de)	komot	[komot]
salontafeltje (het)	sehpa	[sehpa]

spiegel (de)	ayna	[ajna]
tapijt (het)	halı	[halı]
tapijtje (het)	kilim	[kilim]

haard (de)	şömine	[ʃømine]
kaars (de)	mum	[mum]
kandelaar (de)	mumluk	[mumluk]

gordijnen (mv.)	perdeler	[perdler]
behang (het)	duvar kağıdı	[duvar kaıdı]
jaloezie (de)	jaluzi	[ʒalyzi]

bureaulamp (de)	masa lambası	[masa lambası]
wandlamp (de)	lamba	[lamba]
staande lamp (de)	ayaklı lamba	[ajaklı lamba]
luchter (de)	avize	[avize]

poot (ov. een tafel, enz.)	ayak	[ajak]
armleuning (de)	kol	[kol]
rugleuning (de)	arkalık	[arkalık]
la (de)	çekmece	[ʧekmedʒe]

90. Beddengoed

beddengoed (het)	çamaşır	[ʧamaʃır]
kussen (het)	yastık	[jastık]
kussenovertrek (de)	yastık kılıfı	[jastık kılıfı]
deken (de)	battaniye	[battanije]
laken (het)	çarşaf	[ʧarʃaf]
sprei (de)	örtü	[ørty]

91. Keuken

keuken (de)	mutfak	[mutfak]
gas (het)	gaz	[gaz]
gasfornuis (het)	gaz sobası	[gaz sobası]
elektrisch fornuis (het)	elektrik ocağı	[elektrik odʒaı]
oven (de)	fırın	[fırın]
magnetronoven (de)	mikrodalga fırın	[mikrodalga fırın]

koelkast (de)	buzdolabı	[buzdolabı]
diepvriezer (de)	derin dondurucu	[derin dondurudʒu]
vaatwasmachine (de)	bulaşık makinesi	[bulaʃık makinesi]

vleesmolen (de)	kıyma makinesi	[kıjma makinesi]
vruchtenpers (de)	meyve sıkacağı	[mejve sıkadʒaı]
toaster (de)	tost makinesi	[tost makinesi]
mixer (de)	mikser	[mikser]

koffiemachine (de)	kahve makinesi	[kahve makinesi]
koffiepot (de)	cezve	[dʒezve]
koffiemolen (de)	kahve değirmeni	[kahve deirmeni]

fluitketel (de)	çaydanlık	[ʧajdanlık]
theepot (de)	demlik	[demlik]
deksel (de/het)	kapak	[kapak]
theezeefje (het)	süzgeci	[syzgedʒi]

lepel (de)	kaşık	[kaʃik]
theelepeltje (het)	çay kaşığı	[ʧaj kaʃı:ı]
eetlepel (de)	yemek kaşığı	[jemek kaʃı:ı]
vork (de)	çatal	[ʧatal]
mes (het)	bıçak	[bıʧak]

vaatwerk (het)	mutfak gereçleri	[mutfak geretʃleri]
bord (het)	tabak	[tabak]
schoteltje (het)	fincan tabağı	[findʒan tabaı]

likeurglas (het)	kadeh	[kade]
glas (het)	bardak	[bardak]
kopje (het)	fincan	[findʒan]

suikerpot (de)	şekerlik	[ʃekerlik]
zoutvat (het)	tuzluk	[tuzluk]
pepervat (het)	biberlik	[biberlik]
boterschaaltje (het)	tereyağı tabağı	[terejaı tabaı]

pan (de)	tencere	[tendʒere]
bakpan (de)	tava	[tava]
pollepel (de)	kepçe	[keptʃe]
vergiet (de/het)	süzgeç	[syzgetʃ]
dienblad (het)	tepsi	[tepsi]

fles (de)	şişe	[ʃiʃe]
glazen pot (de)	kavanoz	[kavanoz]
blik (conserven~)	teneke	[teneke]

flesopener (de)	şişe açacağı	[ʃiʃe atʃadʒaı]
blikopener (de)	konserve açacağı	[konserve atʃadʒaı]
kurkentrekker (de)	tirbuşon	[tirbyʃon]
filter (de/het)	filtre	[filtre]
filteren (ww)	filtre etmek	[filtre etmek]

| huisvuil (het) | çöp | [ʧøp] |
| vuilnisemmer (de) | çöp kovası | [ʧøp kovası] |

92. Badkamer

badkamer (de)	banyo odası	[banjo odası]
water (het)	su	[su]
kraan (de)	musluk	[musluk]
warm water (het)	sıcak su	[sıdʒak su]
koud water (het)	soğuk su	[souk su]

tandpasta (de)	diş macunu	[diʃ madʒunu]
tanden poetsen (ww)	dişlerini fırçalamak	[diʃlerini fırtʃalamak]
tandenborstel (de)	diş fırçası	[diʃ fırtʃası]

zich scheren (ww)	tıraş olmak	[tıraʃ olmak]
scheercrème (de)	tıraş köpüğü	[tıraʃ køpyy]
scheermes (het)	jilet	[ʒilet]

wassen (ww)	yıkamak	[jıkamak]
een bad nemen	yıkanmak	[jıkanmak]
douche (de)	duş	[duʃ]
een douche nemen	duş almak	[duʃ almak]

bad (het)	banyo	[banjo]
toiletpot (de)	klozet	[klozet]
wastafel (de)	küvet	[kyvet]

| zeep (de) | sabun | [sabun] |
| zeepbakje (het) | sabunluk | [sabunluk] |

spons (de)	sünger	[synger]
shampoo (de)	şampuan	[ʃampuan]
handdoek (de)	havlu	[havlu]
badjas (de)	bornoz	[bornoz]

was (bijv. handwas)	çamaşır yıkama	[tʃamaʃır jıkama]
wasmachine (de)	çamaşır makinesi	[tʃamaʃır makinesi]
de was doen	çamaşırları yıkamak	[tʃamaʃırları jıkamak]
waspoeder (de)	çamaşır deterjanı	[tʃamaʃır deterʒanı]

93. Huishoudelijke apparaten

televisie (de)	televizyon	[televizjon]
cassettespeler (de)	teyp	[tejp]
videorecorder (de)	video	[video]
radio (de)	radyo	[radjo]
speler (de)	çalar	[tʃalar]

videoprojector (de)	projeksiyon makinesi	[proʒeksion makinesi]
home theater systeem (het)	ev sinema	[evj sinema]
DVD-speler (de)	DVD oynatıcı	[dividi ojnatıdʒı]
versterker (de)	amplifikatör	[amplifikatør]
spelconsole (de)	oyun konsolu	[ojun konsolu]

videocamera (de)	video kamera	[videokamera]
fotocamera (de)	fotoğraf makinesi	[fotoraf makinesi]
digitale camera (de)	dijital fotoğraf makinesi	[diʒital fotoraf makinesi]

stofzuiger (de)	elektrik süpürgesi	[elektrik sypyrgesi]
strijkijzer (het)	ütü	[yty]
strijkplank (de)	ütü masası	[yty masası]

| telefoon (de) | telefon | [telefon] |
| mobieltje (het) | cep telefonu | [dʒep telefonu] |

| schrijfmachine (de) | daktilo | [daktilo] |
| naaimachine (de) | dikiş makinesi | [dikiʃ makinesi] |

microfoon (de)	mikrofon	[mikrofon]
koptelefoon (de)	kulaklık	[kulaklık]
afstandsbediening (de)	uzaktan kumanda	[uzaktan kumanda]

CD (de)	CD	[sidi]
cassette (de)	teyp kaseti	[tejp kaseti]
vinylplaat (de)	vinil plak	[vinil plak]

94. Reparaties. Renovatie

renovatie (de)	tamirat	[tamirat]
renoveren (ww)	tamir etmek	[tamir etmek]
repareren (ww)	onarmak	[onarmak]
op orde brengen	düzene sokmak	[dyzene sokmak]
overdoen (ww)	yeniden yapmak	[jeniden japmak]

verf (de)	boya	[boja]
verven (muur ~)	boyamak	[bojamak]
schilder (de)	boyacı	[bojadʒı]
kwast (de)	fırça	[fırtʃa]

| kalk (de) | badana | [badana] |
| kalken (ww) | badanalamak | [badanalamak] |

behang (het)	duvar kağıdı	[duvar kaıdı]
behangen (ww)	duvar kağıdı yapıştırmak	[duvar kaıdı japıʃtırmak]
lak (de/het)	vernik	[vernik]
lakken (ww)	vernik sürmek	[vernik syrmek]

95. Loodgieterswerk

water (het)	su	[su]
warm water (het)	sıcak su	[sıdʒak su]
koud water (het)	soğuk su	[souk su]
kraan (de)	musluk	[musluk]

druppel (de)	damla	[damla]
druppelen (ww)	damlamak	[damlamak]
lekken (een lek hebben)	sızıntı yapmak	[sızıntı japmak]
lekkage (de)	sızıntı	[sızıntı]
plasje (het)	su birikintisi	[su birikintisi]

buis, leiding (de)	boru	[boru]
stopkraan (de)	valf	[valf]
verstopt raken (ww)	tıkanmak	[tıkanmak]

gereedschap (het)	aletler	[aletler]
Engelse sleutel (de)	açma anahtarı	[atʃma anahtarı]
losschroeven (ww)	sökmek	[søkmek]

aanschroeven (ww)	vidalamak	[vidalamak]
ontstoppen (riool, enz.)	temizlemek	[temizlemek]
loodgieter (de)	tesisatçı	[tesisatʃı]
kelder (de)	bodrum	[bodrum]
riolering (de)	kanalizasyon	[kanalizasjon]

96. Brand. Vuurzee

brand (de)	ateş	[ateʃ]
vlam (de)	alev	[alev]
vonk (de)	kıvılcım	[kıvıldʒım]
rook (de)	duman	[duman]
fakkel (de)	kundak	[kundak]
kampvuur (het)	kamp ateşi	[kamp ateʃi]

benzine (de)	benzin	[benzin]
kerosine (de)	gaz yağı	[gaz jaı]
brandbaar (bn)	yanar	[janar]
ontplofbaar (bn)	patlayıcı	[patlajıdʒı]
VERBODEN TE ROKEN!	SİGARA İÇİLMEZ	[sigara itʃilmez]

veiligheid (de)	emniyet	[emnijet]
gevaar (het)	tehlike	[tehlike]
gevaarlijk (bn)	tehlikeli	[tehlikeli]

in brand vliegen (ww)	ateş almak	[ateʃ almak]
explosie (de)	patlama	[patlama]
in brand steken (ww)	yangın çıkarmak	[jangın tʃıkarmak]
brandstichter (de)	kundakçı	[kundaktʃı]
brandstichting (de)	kundakçılık	[kundaktʃılık]

vlammen (ww)	alevlenmek	[alevlenmek]
branden (ww)	yanmak	[janmak]
afbranden (ww)	yakıp kül etmek	[jakıp kyl etmek]

brandweerman (de)	itfaiyeci	[itfajedʒi]
brandweerwagen (de)	itfaiye arabası	[itfaje arabası]
brandweer (de)	itfaiye	[itfaje]
uitschuifbare ladder (de)	yangın merdiveni	[jangın merdivenı]

brandslang (de)	hortum	[hortum]
brandblusser (de)	yangın tüpü	[jangın typy]
helm (de)	baret	[baret]
sirene (de)	siren	[siren]

roepen (ww)	bağırmak	[baırmak]
hulp roepen	imdat istemek	[imdat istemek]
redder (de)	cankurtaran	[dʒankurtaran]
redden (ww)	kurtarmak	[kurtarmak]

aankomen (per auto, enz.)	gelmek	[gelmek]
blussen (ww)	söndürmek	[søndyrmek]
water (het)	su	[su]
zand (het)	kum	[kum]

ruïnes (mv.)	**harabeler**	[harabeler]
instorten (gebouw, enz.)	**yıkılmak**	[jıkılmak]
ineenstorten (ww)	**aşağı düşmek**	[aʃaı dyʃmek]
inzakken (ww)	**çökmek**	[ʧøkmek]
brokstuk (het)	**kırıntı**	[kırıntı]
as (de)	**kül**	[kyl]
verstikken (ww)	**boğulmak**	[boulmak]
omkomen (ww)	**ölmek**	[ølmek]

MENSELIJKE ACTIVITEITEN

Baan. Business. Deel 1

97. Bankieren

bank (de)	banka	[banka]
bankfiliaal (het)	banka şubesi	[banka ʃubesı]
bankbediende (de)	danışman	[danıʃman]
manager (de)	yönetici	[jønetidʒi]
bankrekening (de)	hesap	[hesap]
rekeningnummer (het)	hesap numarası	[hesap numarası]
lopende rekening (de)	çek hesabı	[tʃek hesabı]
spaarrekening (de)	mevduat hesabı	[mevduat hesabı]
een rekening openen	hesap açmak	[hesap atʃmak]
de rekening sluiten	hesap kapatmak	[hesap kapatmak]
op rekening storten	para yatırmak	[para jatırmak]
opnemen (ww)	hesaptan çekmek	[hesaptan tʃekmek]
storting (de)	mevduat	[mevduat]
een storting maken	depozito vermek	[depozito vermek]
overschrijving (de)	havale	[havale]
een overschrijving maken	havale etmek	[havale etmek]
som (de)	toplam	[toplam]
Hoeveel?	Kaç?	[katʃ]
handtekening (de)	imza	[imza]
ondertekenen (ww)	imzalamak	[imzalamak]
kredietkaart (de)	kredi kartı	[kredi kartı]
code (de)	kod	[kod]
kredietkaartnummer (het)	kredi kartı numarası	[kredi kartı numarası]
geldautomaat (de)	bankamatik	[bankamatik]
cheque (de)	çek	[tʃek]
een cheque uitschrijven	çek yazmak	[tʃek jazmak]
chequeboekje (het)	çek defteri	[tʃek defteri]
lening, krediet (de)	kredi	[kredi]
een lening aanvragen	krediye başvurmak	[kredije baʃvurmak]
een lening nemen	kredi almak	[kredi almak]
een lening verlenen	kredi vermek	[kredi vermek]
garantie (de)	garanti	[garanti]

98. Telefoon. Telefoongesprek

telefoon (de)	telefon	[telefon]
mobieltje (het)	cep telefonu	[dʒep telefonu]
antwoordapparaat (het)	telesekreter	[telesekreter]

| bellen (ww) | telefonla aramak | [telefonla aramak] |
| belletje (telefoontje) | arama, görüşme | [arama], [gøryʃme] |

een nummer draaien	numarayı aramak	[numarajı aramak]
Hallo!	Alo!	[alø]
vragen (ww)	sormak	[sormak]
antwoorden (ww)	cevap vermek	[dʒevap vermek]

horen (ww)	duymak	[dujmak]
goed (bw)	iyi	[iji]
slecht (bw)	kötü	[køty]
storingen (mv.)	parazit	[parazit]

hoorn (de)	telefon ahizesi	[telefon ahizesi]
opnemen (ww)	açmak telefonu	[atʃmak telefonu]
ophangen (ww)	telefonu kapatmak	[telefonu kapatmak]

bezet (bn)	meşgul	[meʃgul]
overgaan (ww)	çalmak	[tʃalmak]
telefoonboek (het)	telefon rehberi	[telefon rehberi]

lokaal (bn)	şehiriçi	[ʃehiritʃi]
interlokaal (bn)	şehirlerarası	[ʃehirlerarası]
buitenlands (bn)	uluslararası	[uluslar arası]

99. Mobiele telefoon

mobieltje (het)	cep telefonu	[dʒep telefonu]
scherm (het)	ekran	[ekran]
toets, knop (de)	düğme	[dyjme]
simkaart (de)	SIM kartı	[sim kartı]

batterij (de)	pil	[pil]
leeg zijn (ww)	bitmek	[bitmek]
acculader (de)	şarj cihazı	[ʃarʒ dʒihazı]

menu (het)	menü	[meny]
instellingen (mv.)	ayarlar	[ajarlar]
melodie (beltoon)	melodi	[melodi]
selecteren (ww)	seçmek	[setʃmek]

rekenmachine (de)	hesaplamalar	[hesaplamanar]
voicemail (de)	söz postası	[søz postası]
wekker (de)	çalar saat	[tʃalar saat]
contacten (mv.)	rehber	[rehber]
SMS-bericht (het)	SMS mesajı	[esemes mesaʒı]
abonnee (de)	abone	[abone]

100. Schrijfbehoeften

balpen (de)	tükenmez kalem	[tykenmez kalem]
vulpen (de)	dolma kalem	[dolma kalem]
potlood (het)	kurşun kalem	[kurʃun kalem]
marker (de)	fosforlu kalem	[fosforlu kalem]
viltstift (de)	keçeli kalem	[ketʃeli kalem]
notitieboekje (het)	not defteri	[not defteri]
agenda (boekje)	ajanda	[aʒanda]
liniaal (de/het)	cetvel	[dʒetvel]
rekenmachine (de)	hesap makinesi	[hesap makinesi]
gom (de)	silgi	[silgi]
punaise (de)	raptiye	[raptije]
paperclip (de)	ataş	[ataʃ]
lijm (de)	yapıştırıcı	[japıʃtırıdʒı]
nietmachine (de)	zımba	[zımba]
perforator (de)	delgeç	[delgetʃ]
potloodslijper (de)	kalemtıraş	[kalem tıraʃ]

Baan. Business. Deel 2

101. Massamedia

krant (de)	gazete	[gazete]
tijdschrift (het)	dergi	[dergi]
pers (gedrukte media)	basın	[basın]
radio (de)	radyo	[radjo]
radiostation (het)	radyo istasyonu	[radjo istasjonu]
televisie (de)	televizyon	[televizjon]
presentator (de)	sunucu	[sunudʒu]
nieuwslezer (de)	spiker	[spiker]
commentator (de)	yorumcu	[jorumdʒu]
journalist (de)	gazeteci	[gazetedʒi]
correspondent (de)	muhabir	[muhabir]
fotocorrespondent (de)	foto muhabiri	[foto muhabirli:]
reporter (de)	muhabir	[muhabir]
redacteur (de)	editör	[editør]
chef-redacteur (de)	baş editör	[baʃ editør]
zich abonneren op	abone olmak	[abone olmak]
abonnement (het)	abonelik	[abonelik]
abonnee (de)	abone	[abone]
lezen (ww)	okumak	[okumak]
lezer (de)	okur	[okur]
oplage (de)	tiraj	[tiraʒ]
maand-, maandelijks (bn)	aylık	[ajlık]
wekelijks (bn)	haftalık	[haftalık]
nummer (het)	numara	[numara]
vers (~ van de pers)	son	[son]
kop (de)	başlık	[baʃlık]
korte artikel (het)	kısa makale	[kısa makale]
rubriek (de)	köşe yazısı	[køʃe jazısı]
artikel (het)	makale	[makale]
pagina (de)	sayfa	[sajfa]
reportage (de)	röportaj	[røportaʒ]
gebeurtenis (de)	olay	[olaj]
sensatie (de)	sansasyon	[sansasjon]
schandaal (het)	skandal	[skandal]
schandalig (bn)	rezil, utanılacak	[rezil], [utanıladʒak]
groot (~ schandaal, enz.)	büyük	[byjuk]
programma (het)	yayın	[jajın]
interview (het)	mülakat	[mylakat]

| live uitzending (de) | canlı yayın | [dʒanlı jajın] |
| kanaal (het) | kanal | [kanal] |

102. Landbouw

landbouw (de)	tarım	[tarım]
boer (de)	köylü	[køjly]
boerin (de)	köylü kadın	[køjly kadın]
landbouwer (de)	çiftçi	[tʃiftʃi]

| tractor (de) | traktör | [traktør] |
| maaidorser (de) | biçerdöver | [bitʃerdøver] |

ploeg (de)	saban	[saban]
ploegen (ww)	sürmek	[syrmek]
akkerland (het)	sürülmüş tarla	[syrylmyʃ tarla]
voor (de)	saban izi	[saban izi]

zaaien (ww)	ekmek	[ekmek]
zaaimachine (de)	ekme makinesi	[ekme makinesi]
zaaien (het)	ekme	[ekme]

| zeis (de) | tırpan | [tırpan] |
| maaien (ww) | tırpanlamak | [tırpanlamak] |

| schop (de) | kürek | [kyrek] |
| spitten (ww) | kazmak | [kazmak] |

schoffel (de)	çapa	[tʃapa]
wieden (ww)	çapalamak	[tʃapalamak]
onkruid (het)	yabani ot	[jabani ot]

gieter (de)	bahçe kovası	[bahtʃe kovası]
begieten (water geven)	sulamak	[sulamak]
bewatering (de)	sulama	[sulama]

| riek, hooivork (de) | dirgen | [dirgen] |
| hark (de) | tırmık | [tırmık] |

kunstmest (de)	gübre	[gybre]
bemesten (ww)	gübrelemek	[gybrelemek]
mest (de)	gübre	[gybre]

veld (het)	tarla	[tarla]
wei (de)	çayırlık	[tʃajırlık]
moestuin (de)	sebze bahçesi	[sebze bahtʃesi]
boomgaard (de)	meyve bahçesi	[mejve bahtʃesi]

weiden (ww)	otlamak	[otlamak]
herder (de)	çoban	[tʃoban]
weiland (de)	otlak	[otlak]

| veehouderij (de) | hayvancılık | [hajvandʒılık] |
| schapenteelt (de) | koyun yetiştirme | [kojun jetiʃtirme] |

plantage (de)	plantasyon	[plantasjon]
rijtje (het)	tahta	[tahta]
broeikas (de)	sera	[sera]

| droogte (de) | kuraklık | [kuraklık] |
| droog (bn) | kurak | [kurak] |

graan (het)	tahıl	[tahıl]
graangewassen (mv.)	buğdaygiller	[buudajgiller]
oogsten (ww)	hasat yapmak	[hasat japmak]

molenaar (de)	değirmenci	[deirmendʒi]
molen (de)	değirmen	[deirmen]
malen (graan ~)	öğütmek	[øjutmek]
bloem (bijv. tarwebloem)	un	[un]
stro (het)	saman	[saman]

103. Gebouw. Bouwproces

bouwplaats (de)	inşaat alanı	[inʃaat alanı]
bouwen (ww)	inşa etmek	[inʃa etmek]
bouwvakker (de)	inşaat işçisi	[inʃaat iʃʧisı]

project (het)	proje	[proʒe]
architect (de)	mimar	[mimar]
arbeider (de)	işçi	[iʃʧi]

fundering (de)	temel	[temel]
dak (het)	çatı	[ʧatı]
heipaal (de)	kazık	[kazık]
muur (de)	duvar	[duvar]

| betonstaal (het) | beton demiri | [beton demiri] |
| steigers (mv.) | yapı iskelesi | [japı iskelesi] |

beton (het)	beton	[beton]
graniet (het)	granit	[granit]
steen (de)	taş	[taʃ]
baksteen (de)	tuğla	[tuula]

zand (het)	kum	[kum]
cement (de/het)	çimento	[ʧimento]
pleister (het)	sıva	[sıva]
pleisteren (ww)	sıvalamak	[sıvalamak]

verf (de)	boya	[boja]
verven (muur ~)	boyamak	[bojamak]
ton (de)	varil	[varil]

kraan (de)	vinç	[vinʧ]
heffen, hijsen (ww)	kaldırmak	[kaldırmak]
neerlaten (ww)	indirmek	[indirmek]
bulldozer (de)	buldozer	[buldozer]
graafmachine (de)	ekskavatör	[ekskavatør]

graafbak (de)	kepçe	[keptʃe]
graven (tunnel, enz.)	kazmak	[kazmak]
helm (de)	baret, kask	[baret], [kask]

Beroepen en ambachten

104. Zoeken naar werk. Ontslag

baan (de)	iş	[iʃ]
werknemers (mv.)	kadro	[kadro]
personeel (het)	personel	[personel]
carrière (de)	kariyer	[karjer]
vooruitzichten (mv.)	istikbal	[istikbal]
meesterschap (het)	ustalık	[ustalık]
keuze (de)	seçme	[setʃme]
uitzendbureau (het)	iş bulma bürosu	[iʃ bulma byrosu]
CV, curriculum vitae (het)	özet	[øzet]
sollicitatiegesprek (het)	mülakat	[mylakat]
vacature (de)	açık yer	[atʃık jer]
salaris (het)	maaş	[maaʃ]
vaste salaris (het)	sabit maaş	[sabit maaʃ]
loon (het)	ödeme	[ødeme]
betrekking (de)	görev, iş	[gørev], [iʃ]
taak, plicht (de)	görev	[gørev]
takenpakket (het)	görev listesi	[gørev listesi]
bezig (~ zijn)	meşgul	[meʃgul]
ontslagen (ww)	işten çıkarmak	[iʃten tʃıkarmak]
ontslag (het)	işten çıkarma	[iʃten tʃıkarma]
werkloosheid (de)	işsizlik	[iʃsizlik]
werkloze (de)	işsiz	[iʃsiz]
pensioen (het)	emekli maaşı	[emekli maaʃı]
met pensioen gaan	emekli olmak	[emekli olmak]

105. Zakenmensen

directeur (de)	müdür	[mydyr]
beheerder (de)	yönetici	[jønetidʒi]
hoofd (het)	yönetmen	[jønetmen]
baas (de)	şef	[ʃef]
superieuren (mv.)	şefler	[ʃefler]
president (de)	başkan	[baʃkan]
voorzitter (de)	başkan	[baʃkan]
adjunct (de)	yardımcı	[jardımdʒı]
assistent (de)	asistan	[asistan]

secretaris (de)	sekreter	[sekreter]
persoonlijke assistent (de)	özel sekreter	[øzel sekreter]

zakenman (de)	iş adamı	[iʃ adamı]
ondernemer (de)	girişimci	[giriʃimdʒi]
oprichter (de)	kurucu	[kurudʒu]
oprichten	kurmak	[kurmak]
(een nieuw bedrijf ~)		

stichter (de)	müessis	[myessis]
partner (de)	ortak	[ortak]
aandeelhouder (de)	hissedar	[hissedar]

miljonair (de)	milyoner	[miljoner]
miljardair (de)	milyarder	[miljarder]
eigenaar (de)	sahip	[sahip]
landeigenaar (de)	toprak sahibi	[toprak sahibi]

klant (de)	müşteri	[myʃteri]
vaste klant (de)	devamlı müşteri	[devamlı myʃteri]
koper (de)	alıcı, müşteri	[alıdʒı], [myʃteri]
bezoeker (de)	ziyaretçi	[zijaretʃi]
professioneel (de)	profesyonel	[profesjonel]
expert (de)	eksper	[eksper]
specialist (de)	uzman	[uzman]

bankier (de)	bankacı	[bankadʒı]
makelaar (de)	borsa simsarı	[borsa sımsarı]

kassier (de)	kasiyer	[kasijer]
boekhouder (de)	muhasebeci	[muhasebedʒi]
bewaker (de)	güvenlik görevlisi	[gyvenlik gørevlisı]

investeerder (de)	yatırımcı	[jatırımdʒı]
schuldenaar (de)	borçlu	[bortʃlu]
crediteur (de)	alacaklı	[aladʒaklı]
lener (de)	ödünç alan	[ødyntʃ alan]

importeur (de)	ithalatçı	[ithalatʃı]
exporteur (de)	ihracatçı	[ihradʒatʃı]

producent (de)	üretici	[yretidʒi]
distributeur (de)	distribütör	[distribytør]
bemiddelaar (de)	aracı	[aradʒı]

adviseur, consulent (de)	danışman	[danıʃman]
vertegenwoordiger (de)	temsilci	[temsildʒi]
agent (de)	acente, ajan	[adʒente], [aʒan]
verzekeringsagent (de)	sigorta acentesi	[sigorta adʒentesi]

106. Dienstverlenende beroepen

kok (de)	aşçı	[aʃtʃı]
chef-kok (de)	aşçıbaşı	[aʃtʃıbaʃı]

bakker (de)	fırıncı	[fırındʒı]
barman (de)	barmen	[barmen]
kelner, ober (de)	garson	[garson]
serveerster (de)	kadın garson	[kadın garson]

advocaat (de)	avukat	[avukat]
jurist (de)	hukukçu	[hukuktʃu]
notaris (de)	noter	[noter]

elektricien (de)	elektrikçi	[elektriktʃi]
loodgieter (de)	tesisatçı	[tesisatʃı]
timmerman (de)	dülger	[dylger]

masseur (de)	masör	[masør]
masseuse (de)	masör	[masør]
dokter, arts (de)	doktor, hekim	[doktor], [hekim]

taxichauffeur (de)	taksici	[taksidʒi]
chauffeur (de)	şoför	[ʃofør]
koerier (de)	kurye	[kurje]

kamermeisje (het)	hizmetçi	[hizmetʃi]
bewaker (de)	güvenlik görevlisi	[gyvenlik gørevlisı]
stewardess (de)	hostes	[hostes]

meester (de)	öğretmen	[ø:retmen]
bibliothecaris (de)	kütüphane memuru	[kytyphane memuru]
vertaler (de)	çevirmen	[tʃevirmen]
tolk (de)	tercüman	[terdʒyman]
gids (de)	rehber	[rehber]

kapper (de)	kuaför	[kuafør]
postbode (de)	postacı	[postadʒı]
verkoper (de)	satıcı	[satıdʒı]

tuinman (de)	bahçıvan	[bahtʃıvan]
huisbediende (de)	hizmetçi	[hizmetʃi]
dienstmeisje (het)	kadın hizmetçi	[kadın hizmetʃi]
schoonmaakster (de)	temizlikçi	[temizliktʃi]

107. Militaire beroepen en rangen

soldaat (rang)	er	[er]
sergeant (de)	çavuş	[tʃavuʃ]
luitenant (de)	teğmen	[teemen]
kapitein (de)	yüzbaşı	[juzbaʃı]

majoor (de)	binbaşı	[binbaʃı]
kolonel (de)	albay	[albaj]
generaal (de)	general	[general]
maarschalk (de)	mareşal	[mareʃal]
admiraal (de)	amiral	[amiral]
militair (de)	askeri	[askeri]
soldaat (de)	asker	[asker]

officier (de)	subay	[subaj]
commandant (de)	komutan	[komutan]

grenswachter (de)	sınır muhafızı	[sınır muhafızı]
marconist (de)	telsiz operatörü	[telsiz operatøry]
verkenner (de)	keşif eri	[keʃif eri]
sappeur (de)	istihkam eri	[istihkam eri]
schutter (de)	atıcı	[atıdʒı]
stuurman (de)	seyrüseferci	[sejryseferdʒi]

108. Ambtenaren. Priesters

koning (de)	kral	[kral]
koningin (de)	kraliçe	[kralitʃe]

prins (de)	prens	[prens]
prinses (de)	prenses	[prenses]

tsaar (de)	çar	[tʃar]
tsarina (de)	çariçe	[tʃaritʃe]

president (de)	başkan	[baʃkan]
minister (de)	bakan	[bakan]
eerste minister (de)	başbakan	[baʃbakan]
senator (de)	senatör	[senatør]

diplomaat (de)	diplomat	[diplomat]
consul (de)	konsolos	[konsolos]
ambassadeur (de)	büyükelçi	[byjukeltʃi]
adviseur (de)	danışman	[danıʃman]

ambtenaar (de)	memur	[memur]
prefect (de)	belediye başkanı	[beledije baʃkanı]
burgemeester (de)	belediye başkanı	[beledije baʃkanı]

rechter (de)	yargıç	[jargıtʃ]
aanklager (de)	savcı	[savdʒı]

missionaris (de)	misyoner	[misjoner]
monnik (de)	keşiş	[keʃiʃ]
abt (de)	başrahip	[baʃrahip]
rabbi, rabbijn (de)	haham	[haham]

vizier (de)	vezir	[vezir]
sjah (de)	şah	[ʃah]
sjeik (de)	şeyh	[ʃejh]

109. Agrarische beroepen

imker (de)	arıcı	[arıdʒı]
herder (de)	çoban	[tʃoban]
landbouwkundige (de)	tarım uzmanı	[tarım uzmanı]

veehouder (de)	hayvan besleyicisi	[hajvan beslejidʒisi]
dierenarts (de)	veteriner	[veteriner]

landbouwer (de)	çiftçi	[ʧiftʃi]
wijnmaker (de)	şarap üreticisi	[ʃarap yretidʒisi]
zoöloog (de)	zoolog	[zoolog]
cowboy (de)	kovboy	[kovboj]

110. Kunst beroepen

acteur (de)	aktör	[aktør]
actrice (de)	aktris	[aktris]

zanger (de)	şarkıcı	[ʃarkɪdʒɪ]
zangeres (de)	şarkıcı	[ʃarkɪdʒɪ]

danser (de)	dansçı	[dansʧɪ]
danseres (de)	dansöz	[dansøz]

artiest (mann.)	sanatçı	[sanatʃɪ]
artiest (vrouw.)	sanatçı	[sanatʃɪ]

muzikant (de)	müzisyen	[myzisjen]
pianist (de)	piyanocu	[pijanodʒu]
gitarist (de)	gitarcı	[gitaradʒɪ]

orkestdirigent (de)	orkestra şefi	[okrestra ʃefi]
componist (de)	besteci	[bestedʒi]
impresario (de)	emprezaryo	[emprezarjo]

filmregisseur (de)	yönetmen	[jønetmen]
filmproducent (de)	yapımcı	[japɪmdʒɪ]
scenarioschrijver (de)	senaryo yazarı	[senarjo jazarɪ]
criticus (de)	eleştirmen	[eleʃtirmen]

schrijver (de)	yazar	[jazar]
dichter (de)	şair	[ʃair]
beeldhouwer (de)	heykelci	[hejkeldʒi]
kunstenaar (de)	ressam	[ressam]

jongleur (de)	hokkabaz	[hokkabaz]
clown (de)	palyaço	[paljaʧo]
acrobaat (de)	cambaz	[dʒambaz]
goochelaar (de)	sihirbaz	[sihirbaz]

111. Verschillende beroepen

dokter, arts (de)	doktor, hekim	[doktor], [hekim]
ziekenzuster (de)	hemşire	[hemʃire]
psychiater (de)	psikiyatr	[psikijatr]
tandarts (de)	dişçi	[diʃʧi]
chirurg (de)	cerrah	[dʒerrah]

astronaut (de)	astronot	[astronot]
astronoom (de)	astronom	[astronom]
piloot (de)	pilot	[pilot]
chauffeur (de)	şoför	[ʃofør]
machinist (de)	makinist	[makinist]
mecanicien (de)	mekanik	[mekanik]
mijnwerker (de)	maden işçisi	[maden iʃtʃisi]
arbeider (de)	işçi	[iʃtʃi]
bankwerker (de)	tesisatçı	[tesisatʃı]
houtbewerker (de)	marangoz	[marangoz]
draaier (de)	tornacı	[tornadʒı]
bouwvakker (de)	inşaat işçisi	[inʃaat iʃtʃisı]
lasser (de)	kaynakçı	[kajnaktʃı]
professor (de)	profesör	[profesør]
architect (de)	mimar	[mimar]
historicus (de)	tarihçi	[tarihtʃi]
wetenschapper (de)	bilim adamı	[bilim adamı]
fysicus (de)	fizik bilgini	[fizik bilgini]
scheikundige (de)	kimyacı	[kimjadʒı]
archeoloog (de)	arkeolog	[arkeolog]
geoloog (de)	jeolog	[ʒeolog]
onderzoeker (de)	araştırmacı	[araʃtırmadʒi]
babysitter (de)	çocuk bakıcısı	[tʃodʒuk bakıdʒısı]
leraar, pedagoog (de)	öğretmen	[ø:retmen]
redacteur (de)	editör	[editør]
chef-redacteur (de)	baş editör	[baʃ editør]
correspondent (de)	muhabir	[muhabir]
typiste (de)	daktilocu	[daktilodʒu]
designer (de)	dizayncı	[dizajndʒı]
computerexpert (de)	bilgisayarcı	[bilgisajardʒı]
programmeur (de)	programcı	[programdʒı]
ingenieur (de)	mühendis	[myhendis]
matroos (de)	denizci	[denizdʒi]
zeeman (de)	tayfa	[tajfa]
redder (de)	cankurtaran	[dʒankurtaran]
brandweerman (de)	itfaiyeci	[itfajedʒi]
politieagent (de)	erkek polis	[erkek polis]
nachtwaker (de)	bekçi	[bektʃi]
detective (de)	hafiye	[hafije]
douanier (de)	gümrükçü	[gymryktʃu]
lijfwacht (de)	koruma görevlisi	[koruma gørevlis]
gevangenisbewaker (de)	gardiyan	[gardijan]
inspecteur (de)	müfettiş	[myfettiʃ]
sportman (de)	sporcu	[spordʒu]
trainer (de)	antrenör	[antrenør]

slager, beenhouwer (de)	kasap	[kasap]
schoenlapper (de)	ayakkabıcı	[ajakkabıʤı]
handelaar (de)	tüccar	[tyʤar]
lader (de)	yükleyici	[juklejiʤi]

| kledingstilist (de) | modelci | [modelʤi] |
| model (het) | manken | [manken] |

112. Beroepen. Sociale status

| scholier (de) | erkek öğrenci | [erkek ø:renʤi] |
| student (de) | öğrenci | [ø:renʤi] |

filosoof (de)	felsefeci	[felsefeʤi]
econoom (de)	iktisatçı	[iktisatʃı]
uitvinder (de)	mucit	[muʤit]

werkloze (de)	işsiz	[iʃsiz]
gepensioneerde (de)	emekli	[emekli]
spion (de)	ajan, casus	[aʒan], [ʤasus]

gedetineerde (de)	tutuklu	[tutuklu]
staker (de)	grevci	[grevʤi]
bureaucraat (de)	bürokrat	[byrokrat]
reiziger (de)	gezgin	[gezgin]

| homoseksueel (de) | homoseksüel | [homoseksyel] |
| hacker (computerkraker) | hekır | [hekır] |

bandiet (de)	haydut	[hajdut]
huurmoordenaar (de)	kiralık katil	[kiralık katil]
drugsverslaafde (de)	uyuşturucu bağımlısı	[ujuʃturuʤu baımlısı]
drugshandelaar (de)	uyuşturucu taciri	[ujuʃturuʤu taʤiri]
prostituee (de)	fahişe	[fahiʃe]
pooier (de)	kadın tüccarı	[kadın tyʤarı]

tovenaar (de)	büyücü	[byjuʤy]
tovenares (de)	büyücü kadın	[byjuʤy kadın]
piraat (de)	korsan	[korsan]
slaaf (de)	köle	[køle]
samoerai (de)	samuray	[samuraj]
wilde (de)	vahşi	[vahʃi]

Sport

113. Soorten sporten. Sporters

sportman (de)	sporcu	[spordʒu]
soort sport (de/het)	spor çeşidi	[spor ʧeʃidi]
basketbal (het)	basketbol	[basketbol]
basketbalspeler (de)	basketbolcu	[basketboldʒu]
baseball (het)	beyzbol	[bejzbol]
baseballspeler (de)	beyzbolcu	[bejzboldʒu]
voetbal (het)	futbol	[futbol]
voetballer (de)	futbolcu	[futboldʒu]
doelman (de)	kaleci	[kaledʒi]
hockey (het)	hokey	[hokej]
hockeyspeler (de)	hokeyci	[hokejdʒi]
volleybal (het)	voleybol	[volejbol]
volleybalspeler (de)	voleybolcu	[volejboldʒu]
boksen (het)	boks	[boks]
bokser (de)	boksör	[boksør]
worstelen (het)	güreş	[gyreʃ]
worstelaar (de)	güreşçi	[gyreʧi]
karate (de)	karate	[karate]
karateka (de)	karateci	[karatedʒi]
judo (de)	judo	[ʒydo]
judoka (de)	judocu	[ʒydodʒu]
tennis (het)	tenis	[tenis]
tennisspeler (de)	tenisçi	[tenisʧi]
zwemmen (het)	yüzme	[juzme]
zwemmer (de)	yüzücü	[juzydʒy]
schermen (het)	eskrim	[eskrim]
schermer (de)	eskrimci	[eskrimdʒi]
schaak (het)	satranç	[satranʧ]
schaker (de)	satranç oyuncusu	[satranʧ ojundʒusu]
alpinisme (het)	dağcılık	[daadʒılık]
alpinist (de)	dağcı, alpinist	[daadʒı], [alpinist]
hardlopen (het)	koşu	[koʃu]

renner (de)	koşucu	[koʃudʒu]
atletiek (de)	atletizm	[atletizm]
atleet (de)	atlet	[atlet]

paardensport (de)	atlı spor	[atlı spor]
ruiter (de)	binici	[binidʒi]

kunstschaatsen (het)	artistik patinaj	[artistik patinaʒ]
kunstschaatser (de)	artistik patinajcı	[artistik patinaʒdʒı]
kunstschaatsster (de)	artistik patinajcı	[artistik patinaʒdʒı]

gewichtheffen (het)	halter	[halter]
gewichtheffer (de)	halterci	[halterdʒi]
autoraces (mv.)	araba yarışı	[araba jarıʃı]
coureur (de)	yarışçı	[jarıʃtʃı]

wielersport (de)	bisiklet sporu	[bisiklet sporu]
wielrenner (de)	bisikletçi	[bisikletʃi]

verspringen (het)	uzun atlama	[uzun atlama]
polsstokspringen (het)	sırıkla atlama	[sırıkla atlama]
verspringer (de)	atlayıcı	[atlajıdʒı]

114. Soorten sporten. Diversen

Amerikaans voetbal (het)	Amerikan futbolu	[amerikan futbolu]
badminton (het)	badminton	[badminton]
biatlon (de)	biatlon	[biatlon]
biljart (het)	bilardo	[bilardo]

bobsleeën (het)	bobsley, yarış kızağı	[bobslej], [jarıʃ kızaı]
bodybuilding (de)	vücut geliştirme	[vydʒut geliʃtirme]
waterpolo (het)	su topu	[su topu]
handbal (de)	hentbol	[hentbol]
golf (het)	golf	[golf]

roeisport (de)	kürek sporu	[kyrek sporu]
duiken (het)	dalgıçlık	[dalgıtʃlık]
langlaufen (het)	kros kayağı	[kros kajaı]
tafeltennis (het)	masa tenisi	[masa tenisi]

zeilen (het)	yelken sporu	[jelken sporu]
rally (de)	ralli	[ralli]
rugby (het)	ragbi, rugby	[ragbi]
snowboarden (het)	snowboard	[snoubord]
boogschieten (het)	okçuluk	[oktʃuluk]

115. Fitnessruimte

lange halter (de)	halter	[halter]
halters (mv.)	dambillar	[dambillar]
training machine (de)	spor aleti	[spor aleti]

| hometrainer (de) | egzersiz bisikleti | [egzersiz bisikleti] |
| loopband (de) | koşu bandı | [koʃu bandı] |

rekstok (de)	barfiks	[barfiks]
brug (de) gelijke leggers	barparalel	[barparalel]
paardsprong (de)	at	[at]
mat (de)	mat	[mat]

springtouw (het)	ip atlama	[ip atlama]
aerobics (de)	aerobik	[aerobik]
yoga (de)	yoga	[joga]

116. Sporten. Diversen

Olympische Spelen (mv.)	Olimpiyat Oyunları	[olimpijat ojunları]
winnaar (de)	galip, kazanan	[galip], [kazanan]
overwinnen (ww)	yenmek	[jenmek]
winnen (ww)	kazanmak	[kazanmak]

| leider (de) | birinci | [birindʒi] |
| leiden (ww) | birinci olmak | [birindʒi olmak] |

eerste plaats (de)	birincilik	[birindʒilik]
tweede plaats (de)	ikincilik	[ikindʒilik]
derde plaats (de)	üçüncülük	[ytʃundʒylyk]

medaille (de)	madalya	[madalja]
trofee (de)	ganimet	[ganimet]
beker (de)	kupa	[kupa]
prijs (de)	ödül	[ødyl]
hoofdprijs (de)	büyük ödülü	[byjuk ødyly]

| record (het) | rekor | [rekor] |
| een record breken | rekor kırmak | [rekor kırmak] |

| finale (de) | final | [final] |
| finale (bn) | final | [final] |

| kampioen (de) | şampiyon | [ʃampion] |
| kampioenschap (het) | şampiyona | [ʃampiona] |

stadion (het)	stadyum	[stadjum]
tribune (de)	tribün	[tribyn]
fan, supporter (de)	fan, taraftar	[fan], [taraftar]
tegenstander (de)	rakip	[rakip]

| start (de) | start | [start] |
| finish (de) | finiş | [finiʃ] |

| nederlaag (de) | yenilgi | [jenilgi] |
| verliezen (ww) | kaybetmek | [kajbetmek] |

| rechter (de) | hakem | [hakem] |
| jury (de) | jüri | [ʒyri] |

stand (~ is 3-1)	skor	[skor]
gelijkspel (het)	beraberlik	[beraberlik]
in gelijk spel eindigen	berabere kalmak	[berabere kalmak]
punt (het)	sayı	[sajı]
uitslag (de)	sonuç	[sonutʃ]

periode (de)	devre	[devre]
pauze (de)	ara	[ara]

doping (de)	doping	[doping]
straffen (ww)	ceza vermek	[dʒeza vermek]
diskwalificeren (ww)	diskalifiye etmek	[diskalifije etmek]

toestel (het)	alet	[alet]
speer (de)	cirit	[dʒirit]
kogel (de)	gülle	[gylle]
bal (de)	top	[top]

doel (het)	hedef	[hedef]
schietkaart (de)	hedef	[hedef]
schieten (ww)	ateş etmek	[ateʃ etmek]
precies (bijv. precieze schot)	tam	[tam]

trainer, coach (de)	antrenör	[antrenør]
trainen (ww)	çalıştırmak	[tʃalıʃtırmak]
zich trainen (ww)	antrenman yapmak	[antrenman japmak]
training (de)	antrenman	[antrenman]

gymnastiekzaal (de)	spor salonu	[spor salonu]
oefening (de)	egzersiz	[egzersiz]
opwarming (de)	ısınma	[ısınma]

Onderwijs

117. School

school (de)	okul	[okul]
schooldirecteur (de)	okul müdürü	[okul mydyry]
leerling (de)	öğrenci	[ø:rendʒi]
leerlinge (de)	kız öğrenci	[kız ø:rendʒi]
scholier (de)	öğrenci	[ø:rendʒi]
scholiere (de)	kız öğrenci	[kız ø:rendʒi]
leren (lesgeven)	öğretmek	[ø:retmek]
studeren (bijv. een taal ~)	öğrenmek	[ø:renmek]
van buiten leren	ezberlemek	[ezberlemek]
leren (bijv. ~ tellen)	öğrenmek	[ø:renmek]
in school zijn	okula gitmek	[okula gitmek]
(schooljongen zijn)		
alfabet (het)	alfabe	[alfabe]
vak (schoolvak)	ders	[ders]
klaslokaal (het)	sınıf	[sınıf]
les (de)	ders	[ders]
pauze (de)	teneffüs	[teneffys]
bel (de)	zil	[zil]
schooltafel (de)	okul sırası	[okul sırası]
schoolbord (het)	kara tahta	[kara tahta]
cijfer (het)	not	[not]
goed cijfer (het)	iyi not	[iji not]
slecht cijfer (het)	kötü not	[køty not]
een cijfer geven	not vermek	[not vermek]
fout (de)	hata	[hata]
fouten maken	hata yapmak	[hata japmak]
corrigeren (fouten ~)	düzeltmek	[dyzeltmek]
spiekbriefje (het)	kopya	[kopja]
huiswerk (het)	ev ödevi	[ev ødevi]
oefening (de)	egzersiz	[egzersiz]
aanwezig zijn (ww)	bulunmak	[bulunmak]
absent zijn (ww)	bulunmamak	[bulunmamak]
bestraffen (een stout kind ~)	cezalandırmak	[dʒezalandırmak]
bestraffing (de)	ceza	[dʒeza]
gedrag (het)	davranış	[davranıʃ]

cijferlijst (de)	karne	[karne]
potlood (het)	kurşun kalem	[kurʃun kalem]
gom (de)	silgi	[silgi]
krijt (het)	tebeşir	[tebeʃir]
pennendoos (de)	kalemlik	[kalemlik]

boekentas (de)	çanta	[tʃanta]
pen (de)	tükenmez kalem	[tykenmez kalem]
schrift (de)	defter	[defter]
leerboek (het)	ders kitabı	[ders kitabı]
passer (de)	pergel	[pergel]

technisch tekenen (ww)	çizmek	[tʃizmek]
technische tekening (de)	teknik resim	[teknik resim]

gedicht (het)	şiir	[ʃiːir]
van buiten (bw)	ezbere	[ezbere]
van buiten leren	ezberlemek	[ezberlemek]

vakantie (de)	okul tatili	[okul tatili]
met vakantie zijn	tatilde olmak	[tatilde olmak]

toets (schriftelijke ~)	sınav	[sınaf]
opstel (het)	kompozisyon	[kompozisjon]
dictee (het)	dikte	[dikte]

examen (het)	sınav	[sınaf]
examen afleggen	sınav olmak	[sınav olmak]
experiment (het)	deney	[denej]

118. Hogeschool. Universiteit

academie (de)	akademi	[akademi]
universiteit (de)	üniversite	[yniversite]
faculteit (de)	fakülte	[fakylte]

student (de)	öğrenci	[øːrendʒi]
studente (de)	öğrenci	[øːrendʒi]
leraar (de)	öğretmen	[øːretmen]

collegezaal (de)	dersane	[dersane]
afgestudeerde (de)	mezun	[mezun]

diploma (het)	diploma	[diploma]
dissertatie (de)	tez	[tez]

onderzoek (het)	inceleme	[indʒeleme]
laboratorium (het)	laboratuvar	[laboratuvar]

college (het)	ders	[ders]
medestudent (de)	sınıf arkadaşı	[sınıf arkadaʃı]

studiebeurs (de)	burs	[burs]
academische graad (de)	akademik derece	[akademik deredʒe]

119. Wetenschappen. Disciplines

wiskunde (de)	matematik	[matematik]
algebra (de)	cebir	[dʒebir]
meetkunde (de)	geometri	[geometri]

astronomie (de)	astronomi	[astronomi]
biologie (de)	biyoloji	[bioloʒi]
geografie (de)	coğrafya	[dʒoorafja]
geologie (de)	jeoloji	[ʒeoloʒi]
geschiedenis (de)	tarih	[tarih]

geneeskunde (de)	tıp	[tıp]
pedagogiek (de)	pedagoji	[pedagoʒi]
rechten (mv.)	hukuk	[hukuk]

fysica, natuurkunde (de)	fizik	[fizik]
scheikunde (de)	kimya	[kimja]
filosofie (de)	felsefe	[felsefe]
psychologie (de)	psikoloji	[psikoloʒi]

120. Schrift. Spelling

grammatica (de)	gramer	[gramer]
vocabulaire (het)	kelime hazinesi	[kelime hazinesi]
fonetiek (de)	fonetik	[fonetik]

zelfstandig naamwoord (het)	isim	[isim]
bijvoeglijk naamwoord (het)	sıfat	[sıfat]
werkwoord (het)	fiil	[fi:il]
bijwoord (het)	zarf	[zarf]

voornaamwoord (het)	zamir	[zamir]
tussenwerpsel (het)	ünlem	[ynlem]
voorzetsel (het)	edat, ilgeç	[edat], [ilgetʃ]

stam (de)	kelime kökü	[kelime køky]
achtervoegsel (het)	sonek	[sonek]
voorvoegsel (het)	ön ek	[øn ek]
lettergreep (de)	hece	[hedʒe]
achtervoegsel (het)	son ek	[son ek]

| nadruk (de) | vurgu | [vurgu] |
| afkappingsteken (het) | apostrof | [apostrof] |

punt (de)	nokta	[nokta]
komma (de/het)	virgül	[virgyl]
puntkomma (de)	noktalı virgül	[noktalı virgyl]
dubbelpunt (de)	iki nokta	[iki nokta]
beletselteken (het)	üç nokta	[ytʃ nokta]

| vraagteken (het) | soru işareti | [soru iʃareti] |
| uitroepteken (het) | ünlem işareti | [ynlem iʃareti] |

aanhalingstekens (mv.)	tırnak	[tırnak]
tussen aanhalingstekens (bw)	tırnak içinde	[tırnak itʃinde]
haakjes (mv.)	parantez	[parantez]
tussen haakjes (bw)	parantez içinde	[parantez itʃinde]

streepje (het)	kısa çizgi	[kısa tʃizgi]
gedachtestreepje (het)	tire	[tire]
spatie	boşluk, ara	[boʃluk], [ara]
(~ tussen twee woorden)		

letter (de)	harf	[harf]
hoofdletter (de)	büyük harf	[byjuk harf]

klinker (de)	ünlü, sesli	[ynly], [sesli]
medeklinker (de)	ünsüz, sessiz	[ynsyz], [sessiz]

zin (de)	cümle	[dʒymle]
onderwerp (het)	özne	[øzne]
gezegde (het)	yüklem	[juklem]

regel (in een tekst)	satır	[satır]
op een nieuwe regel (bw)	yeni satırdan	[jeni satırdan]
alinea (de)	paragraf	[paragraf]

woord (het)	söz, kelime	[søz], [kelime]
woordgroep (de)	kelime grubu	[kelime grubu]
uitdrukking (de)	deyim, ifade	[dejim], [ifade]
synoniem (het)	eşanlamlı sözcük	[eʃanlamlı søzdʒyk]
antoniem (het)	karşıt anlamlı sözcük	[karʃıt anlamlı søzdʒyk]

regel (de)	kural	[kural]
uitzondering (de)	istisna	[istisna]
correct (bijv. ~e spelling)	doğru	[dooru]

vervoeging, conjugatie (de)	fiil çekimi	[fi:il tʃekimi]
verbuiging, declinatie (de)	isim çekimi	[isim tʃekimi]
naamval (de)	hal	[hal]
vraag (de)	soru	[soru]
onderstrepen (ww)	altını çizmek	[altını tʃizmek]
stippellijn (de)	noktalar	[noktalar]

121. Vreemde talen

taal (de)	dil	[dil]
vreemd (bn)	yabancı	[jabandʒı]
vreemde taal (de)	yabancı dil	[jabandʒı dil]
leren (bijv. van buiten ~)	öğrenim görmek	[ø:renim gørmek]
studeren (Nederlands ~)	öğrenmek	[ø:renmek]

lezen (ww)	okumak	[okumak]
spreken (ww)	konuşmak	[konuʃmak]
begrijpen (ww)	anlamak	[anlamak]
schrijven (ww)	yazmak	[jazmak]
snel (bw)	çabuk	[tʃabuk]

| langzaam (bw) | yavaş | [javaʃ] |
| vloeiend (bw) | akıcı bir şekilde | [akıdʒı bir ʃekilde] |

regels (mv.)	kurallar	[kurallar]
grammatica (de)	gramer	[gramer]
vocabulaire (het)	kelime hazinesi	[kelime hazinesi]
fonetiek (de)	fonetik	[fonetik]

leerboek (het)	ders kitabı	[ders kitabı]
woordenboek (het)	sözlük	[søzlyk]
leerboek (het) voor zelfstudie	öz eğitim rehberi	[øz eitim rehberi]
taalgids (de)	konuşma kılavuzu	[konuʃma kılavuzu]

cassette (de)	kaset	[kaset]
videocassette (de)	videokaset	[videokaset]
CD (de)	CD	[sidi]
DVD (de)	DVD	[dividi]

alfabet (het)	alfabe	[alfabe]
spellen (ww)	hecelemek	[hedʒelemek]
uitspraak (de)	telâffuz	[telaffyz]

accent (het)	aksan	[aksan]
met een accent (bw)	aksan ile	[aksan ile]
zonder accent (bw)	aksansız	[aksansız]

| woord (het) | kelime | [kelime] |
| betekenis (de) | mana | [mana] |

cursus (de)	kurslar	[kurslar]
zich inschrijven (ww)	yazılmak	[jazılmak]
leraar (de)	öğretmen	[ø:retmen]

vertaling (een ~ maken)	çeviri	[tʃeviri]
vertaling (tekst)	tercüme	[terdʒyme]
vertaler (de)	çevirmen	[tʃevirmen]
tolk (de)	tercüman	[terdʒyman]

| polyglot (de) | birçok dil bilen | [birtʃok dil bilen] |
| geheugen (het) | hafıza | [hafıza] |

122. Sprookjesfiguren

| Sinterklaas (de) | Noel Baba | [noel baba] |
| zeemeermin (de) | denizkızı | [denizkızı] |

magiër, tovenaar (de)	sihirbaz	[sihirbaz]
goede heks (de)	peri	[sihirbaz]
magisch (bn)	sihirli	[sihirli]
toverstokje (het)	sihirli değnek	[sihirli deenek]

sprookje (het)	masal	[masal]
wonder (het)	harika	[harika]
dwerg (de)	cüce	[dʒydʒe]

veranderen in ... (anders worden)	... dönüşmek	[dønyʃmek]
geest (de)	hayalet	[hajalet]
spook (het)	hortlak	[hortlak]
monster (het)	canavar	[ʤanavar]
draak (de)	ejderha	[eʒderha]
reus (de)	dev	[dev]

123. Dierenriem

Ram (de)	Koç	[koʧ]
Stier (de)	Boğa	[boa]
Tweelingen (mv.)	İkizler	[ikizler]
Kreeft (de)	Yengeç	[jengeʧ]
Leeuw (de)	Aslan	[aslan]
Maagd (de)	Başak	[baʃak]

Weegschaal (de)	Terazi	[terazi]
Schorpioen (de)	Akrep	[akrep]
Boogschutter (de)	Yay	[jaj]
Steenbok (de)	Oğlak	[oolak]
Waterman (de)	Kova	[kova]
Vissen (mv.)	Balık	[balık]

karakter (het)	karakter	[karakter]
karaktertrekken (mv.)	karakter özellikleri	[karakter øzellikleri]
gedrag (het)	davranış	[davranıʃ]
waarzeggen (ww)	fal bakmak	[fal bakmak]
waarzegster (de)	falcı	[falʤı]
horoscoop (de)	yıldız falı	[jıldız falı]

Kunst

124. Theater

theater (het)	tiyatro	[tijatro]
opera (de)	opera	[opera]
operette (de)	operet	[operet]
ballet (het)	bale	[bale]
affiche (de/het)	afiş	[afiʃ]
theatergezelschap (het)	trup	[trup]
tournee (de)	turne	[turne]
op tournee zijn	turneye çıkmak	[turneje tʃıkmak]
repeteren (ww)	prova yapmak	[prova japmak]
repetitie (de)	prova	[prova]
repertoire (het)	repertuvar	[repertuvar]
voorstelling (de)	temsil	[temsil]
spektakel (het)	gösteri	[gøsteri]
toneelstuk (het)	tiyatro oyunu	[tijatro ojunu]
biljet (het)	bilet	[bilet]
kassa (de)	bilet gişesi	[bilet giʃesi]
foyer (de)	hol	[hol]
garderobe (de)	vestiyer	[vestijer]
garderobe nummer (het)	vestiyer numarası	[vestijer numarası]
verrekijker (de)	dürbün	[dyrbyn]
plaatsaanwijzer (de)	yer gösterici	[jer gøsteridʒi]
parterre (de)	parter	[parter]
balkon (het)	balkon	[balkon]
gouden rang (de)	birinci balkon	[birindʒi balkon]
loge (de)	loca	[lodʒa]
rij (de)	sıra	[sıra]
plaats (de)	yer	[jer]
publiek (het)	izleyiciler	[izlejidʒiler]
kijker (de)	izleyici	[izlejidʒi]
klappen (ww)	alkışlamak	[alkıʃlamak]
applaus (het)	alkış	[alkıʃ]
ovatie (de)	şiddetli alkışlar	[ʃiddetli alkıʃlar]
toneel (op het ~ staan)	sahne	[sahne]
gordijn, doek (het)	perde	[perde]
toneeldecor (het)	sahne dekoru	[sahne dekoru]
backstage (de)	kulis	[kulis]
scène (de)	sahne	[sahne]
bedrijf (het)	perde	[perde]
pauze (de)	perde arası	[perde arası]

125. Bioscoop

acteur (de)	aktör	[aktør]
actrice (de)	aktris	[aktris]
bioscoop (de)	sinema	[sinema]
speelfilm (de)	film	[film]
aflevering (de)	bölüm, kısım	[bølym], [kısım]
detectivefilm (de)	dedektif filmi	[dedektif filmi]
actiefilm (de)	aksiyon filmi	[aksijon filmi]
avonturenfilm (de)	macera filmi	[madʒera filmi]
sciencefictionfilm (de)	bilim kurgu filmi	[bilim kurgu filmi]
griezelfilm (de)	korku filmi	[korku filmi]
komedie (de)	komedi filmi	[komedi filmi]
melodrama (het)	melodram	[melodram]
drama (het)	dram	[dram]
speelfilm (de)	kurgusal film	[kurgusal film]
documentaire (de)	belgesel film	[belgesel film]
tekenfilm (de)	çizgi film	[tʃizgi film]
stomme film (de)	sessiz film	[sessiz film]
rol (de)	rol	[rol]
hoofdrol (de)	başrol	[baʃrol]
spelen (ww)	oynamak	[ojnamak]
filmster (de)	sinema yıldızı	[sinema jıldızı]
bekend (bn)	meşhur	[meʃhur]
beroemd (bn)	ünlü	[ynly]
populair (bn)	popüler	[popyler]
scenario (het)	senaryo	[senarjo]
scenarioschrijver (de)	senaryo yazarı	[senarjo jazarı]
regisseur (de)	yönetmen	[jønetmen]
filmproducent (de)	yapımcı	[japımdʒı]
assistent (de)	asistan	[asistan]
cameraman (de)	kameraman	[kameraman]
stuntman (de)	dublör	[dublør]
stuntdubbel (de)	dublör	[dublør]
een film maken	film çekmek	[film tʃekmek]
auditie (de)	oyuncu seçmesi	[ojundʒu setʃmesi]
opnamen (mv.)	çekimler	[tʃekimler]
filmploeg (de)	çekim ekibi	[tʃekim ekibi]
filmset (de)	plato	[plato]
filmcamera (de)	film kamerası	[filim kamerası]
bioscoop (de)	sinema	[sinema]
scherm (het)	ekran	[ekran]
een film vertonen	film göstermek	[film gøstermek]
geluidsspoor (de)	ses yolu	[ses jolu]
speciale effecten (mv.)	özel efektler	[øzel efektler]

ondertiteling (de)	altyazı	[altjazı]
voortiteling, aftiteling (de)	filmin tanıtma yazıları	[filmin tanıtma jazıları]
vertaling (de)	çeviri	[ʧeviri]

126. Schilderij

kunst (de)	sanat	[sanat]
schone kunsten (mv.)	güzel sanatlar	[gyzel sanatlar]
kunstgalerie (de)	sanat galerisi	[sanat galerisi]
kunsttentoonstelling (de)	resim sergisi	[resim sergisi]

schilderkunst (de)	ressamlık	[ressamlık]
grafiek (de)	grafik sanatı	[grafik sanatı]
abstracte kunst (de)	soyut sanat	[sojut sanat]
impressionisme (het)	izlenimcilik	[izlenimdʒilik]

schilderij (het)	tablo, resim	[tablo], [resim]
tekening (de)	resim	[resim]
poster (de)	poster, afiş	[poster], [afiʃ]

illustratie (de)	çizim, resim	[ʧizim], [resim]
miniatuur (de)	minyatür	[minjatyr]
kopie (de)	kopya	[kopja]
reproductie (de)	reprodüksiyon	[reprodyksijon]

mozaïek (het)	mozaik	[mozaik]
gebrandschilderd glas (het)	vitray	[vitraj]
fresco (het)	fresk	[fresk]
gravure (de)	gravür	[gravyr]

buste (de)	büst	[byst]
beeldhouwwerk (het)	heykel	[hejkel]
beeld (bronzen ~)	yontu	[jontu]
gips (het)	alçı, sıva	[alʧı], [sıva]
gipsen (bn)	alçıdan	[alʧıdan]

portret (het)	portre	[portre]
zelfportret (het)	kendi portresi	[kendi portresi]
landschap (het)	peyzaj	[pejzaʒ]
stilleven (het)	natürmort	[natyrmort]
karikatuur (de)	karikatür	[karikatyr]
schets (de)	taslak	[taslak]

verf (de)	boya	[boja]
aquarel (de)	suluboya	[suluboja]
olieverf (de)	yağlı boya	[jaalı boja]
potlood (het)	kurşun kalem	[kurʃun kalem]
Oost-Indische inkt (de)	çini mürekkebi	[ʧini myrekkebi]
houtskool (de)	kömür	[kømyr]

tekenen (met krijt)	resim çizmek	[resim ʧizmek]
schilderen (ww)	resim yapmak	[resim japmak]
poseren (ww)	poz vermek	[poz vermek]
naaktmodel (man)	model	[model]

naaktmodel (vrouw)	model	[model]
kunstenaar (de)	ressam	[ressam]
kunstwerk (het)	eser	[eser]
meesterwerk (het)	şaheser	[ʃaheser]
studio, werkruimte (de)	atölye	[atølje]

schildersdoek (het)	keten bezi	[keten bezi]
schildersezel (de)	sehpa	[sehpa]
palet (het)	palet	[palet]

lijst (een vergulde ~)	çerçeve	[tʃertʃeve]
restauratie (de)	restorasyon	[restorasjon]
restaureren (ww)	restore etmek	[restore etmek]

127. Literatuur & Poëzie

literatuur (de)	edebiyat	[edebijat]
auteur (de)	yazar	[jazar]
pseudoniem (het)	takma ad	[takma ad]

boek (het)	kitap	[kitap]
boekdeel (het)	cilt	[dʒilt]
inhoudsopgave (de)	içindekiler listesi	[itʃindekiler listesi]
pagina (de)	sayfa	[sajfa]
hoofdpersoon (de)	ana karakter	[ana karakter]
handtekening (de)	imza	[imza]

verhaal (het)	öykü	[øjky]
novelle (de)	uzun öykü	[uzun øjky]
roman (de)	roman	[roman]
werk (literatuur)	eser	[eser]
fabel (de)	fabl	[fabl]
detectiveroman (de)	polisiye roman	[polisje roman]

gedicht (het)	şiir	[ʃiːir]
poëzie (de)	şiirler	[ʃiːirler]
epos (het)	uzun şiir	[uzun ʃiir]
dichter (de)	şair	[ʃair]

fictie (de)	edebiyat	[edebijat]
sciencefiction (de)	bilim kurgu	[bilim kurgu]
avonturenroman (de)	maceralar	[madʒeralar]
opvoedkundige literatuur (de)	eğitim edebiyatı	[eitim edebijatı]
kinderliteratuur (de)	çocuk edebiyatı	[tʃodʒuk edebijatı]

128. Circus

circus (de/het)	sirk	[sirk]
chapiteau circus (de/het)	gezici sirk	[gezidʒi sirk]
programma (het)	program	[program]
voorstelling (de)	gösteri	[gøsteri]
nummer (circus ~)	oyun	[ojun]

arena (de)	arena	[arena]
pantomime (de)	pantomim	[pantomim]
clown (de)	palyaço	[paljatʃo]

acrobaat (de)	cambaz	[dʒambaz]
acrobatiek (de)	akrobasi	[akrobasi]
gymnast (de)	jimnastikçi	[ʒimnastiktʃi]
gymnastiek (de)	jimnastik	[ʒimnastik]
salto (de)	perende	[perende]

sterke man (de)	atlet	[atlet]
temmer (de)	hayvan terbiyecisi	[hajvan terbijedʒisi]
ruiter (de)	binici	[binidʒi]
assistent (de)	asistan	[asistan]

stunt (de)	akrobasi	[akrobasi]
goocheltruc (de)	hokkabazlık	[hokkabazlık]
goochelaar (de)	sihirbaz	[sihirbaz]

jongleur (de)	hokkabaz	[hokkabaz]
jongleren (ww)	hokkabazlık yapmak	[hokkabazlık japmak]
dierentrainer (de)	terbiyeci	[terbijedʒi]
dressuur (de)	terbiye	[terbije]
dresseren (ww)	terbiye etmek	[terbije etmek]

129. Muziek. Popmuziek

muziek (de)	müzik	[myzik]
muzikant (de)	müzisyen	[myzisjen]
muziekinstrument (het)	müzik aleti	[myzik aleti]
spelen (bijv. gitaar ~)	... çalmak	[tʃalmak]

gitaar (de)	gitar	[gitar]
viool (de)	keman	[keman]
cello (de)	viyolonsel	[violonsel]
contrabas (de)	kontrabas	[kontrabas]
harp (de)	arp	[arp]

piano (de)	piyano	[pijano]
vleugel (de)	kuyruklu piyano	[kujruklu pijano]
orgel (het)	organ	[organ]

blaasinstrumenten (mv.)	nefesli çalgılar	[nefesli tʃalgılar]
hobo (de)	obua	[obua]
saxofoon (de)	saksofon	[saksofon]
klarinet (de)	klarnet	[klarnet]
fluit (de)	flüt	[flyt]
trompet (de)	trompet	[trompet]

accordeon (de/het)	akordeon	[akordeon]
trommel (de)	davul	[davul]

duet (het)	düet, düo	[dyet], [dyo]
trio (het)	trio	[trio]

kwartet (het)	kuartet, dörtlü	[kuartet], [dørtly]
koor (het)	koro	[koro]
orkest (het)	orkestra	[orkestra]
popmuziek (de)	pop müzik	[pop myzik]
rockmuziek (de)	rock müzik	[rok myzik]
rockgroep (de)	rock grubu	[rok grubu]
jazz (de)	caz	[dʒaz]
idool (het)	idol	[idol]
bewonderaar (de)	hayran	[hajran]
concert (het)	konser	[konser]
symfonie (de)	senfoni	[senfoni]
compositie (de)	beste	[beste]
componeren (muziek ~)	bestelemek	[bestelemek]
zang (de)	şarkı söyleme	[ʃarkı søjleme]
lied (het)	şarkı	[ʃarkı]
melodie (de)	melodi	[melodi]
ritme (het)	ritm	[ritm]
blues (de)	caz	[dʒaz]
bladmuziek (de)	ciltlenmemiş notalar	[dʒiltlenmemiʃ notalar]
dirigeerstok (baton)	orkestra şefinin çubuğu	[orkestra ʃefinin tʃubuu]
strijkstok (de)	keman yayı	[keman jajı]
snaar (de)	tel	[tel]
koffer (de)	kutu	[kutu]

Rusten. Entertainment. Reizen

130. Trip. Reizen

toerisme (het)	turizm	[turizm]
toerist (de)	turist	[turist]
reis (de)	seyahat	[sejahat]
avontuur (het)	macera	[madʒera]
tocht (de)	gezi	[gezi]
vakantie (de)	izin	[izin]
met vakantie zijn	izinli olmak	[izinli olmak]
rust (de)	istirahat	[istirahat]
trein (de)	tren	[tren]
met de trein	trenle	[trenle]
vliegtuig (het)	uçak	[utʃak]
met het vliegtuig	uçakla	[utʃakla]
met de auto	arabayla	[arabajla]
per schip (bw)	gemide	[gemide]
bagage (de)	bagaj	[bagaʒ]
valies (de)	bavul	[bavul]
bagagekarretje (het)	bagaj arabası	[bagaʒ arabası]
paspoort (het)	pasaport	[pasaport]
visum (het)	vize	[vize]
kaartje (het)	bilet	[bilet]
vliegticket (het)	uçak bileti	[utʃak bileti]
reisgids (de)	rehber	[rehber]
kaart (de)	harita	[harita]
gebied (landelijk ~)	alan	[alan]
plaats (de)	yer	[jer]
exotische bestemming (de)	egzotik	[ekzotik]
exotisch (bn)	egzotik	[ekzotik]
verwonderlijk (bn)	şaşırtıcı	[ʃaʃırtıdʒı]
groep (de)	grup	[grup]
rondleiding (de)	gezi	[gezi]
gids (de)	rehber	[rehber]

131. Hotel

hotel (het)	otel	[otel]
motel (het)	motel	[motel]
3-sterren	üç yıldızlı	[ytʃ jıldızlı]

5-sterren	beş yıldızlı	[beʃ jıldızlı]
overnachten (ww)	kalmak	[kalmak]

kamer (de)	oda	[oda]
eenpersoonskamer (de)	tek kişilik oda	[tek kiʃilik oda]
tweepersoonskamer (de)	iki kişilik oda	[iki kiʃilik oda]
een kamer reserveren	oda ayırtmak	[oda aırtmak]

halfpension (het)	yarım pansiyon	[jarım pansjon]
volpension (het)	tam pansiyon	[tam pansjon]

met badkamer	banyolu	[banjolu]
met douche	duşlu	[duʃlu]
satelliet-tv (de)	uydu televizyonu	[ujdu televizjonu]
airconditioner (de)	klima	[klima]
handdoek (de)	havlu	[havlu]
sleutel (de)	anahtar	[anahtar]

administrateur (de)	idareci	[idaredʒi]
kamermeisje (het)	hizmetçi	[hizmetʃi]
piccolo (de)	hamal	[hamal]
portier (de)	kapıcı	[kapıdʒı]

restaurant (het)	restoran	[restoran]
bar (de)	bar	[bar]
ontbijt (het)	kahvaltı	[kahvaltı]
avondeten (het)	akşam yemeği	[akʃam jemei]
buffet (het)	açık büfe	[atʃık byfe]

hal (de)	lobi	[lobi]
lift (de)	asansör	[asansør]

NIET STOREN	RAHATSIZ ETMEYIN	[rahatsız etmejin]
VERBODEN TE ROKEN!	SİGARA İÇİLMEZ	[sigara itʃilmez]

132. Boeken. Lezen

boek (het)	kitap	[kitap]
auteur (de)	müellif	[myellif]
schrijver (de)	yazar	[jazar]
schrijven (een boek)	yazmak	[jazmak]

lezer (de)	okur	[okur]
lezen (ww)	okumak	[okumak]
lezen (het)	okuma	[okuma]

stil (~ lezen)	içinden	[itʃinden]
hardop (~ lezen)	sesli	[sesli]

uitgeven (boek ~)	yayımlamak	[jajımlamak]
uitgeven (het)	yayım	[jajım]
uitgever (de)	yayımcı	[jajımdʒı]
uitgeverij (de)	yayınevi	[jajınevi]
verschijnen (bijv. boek)	çıkmak	[tʃıkmak]

| verschijnen (het) | yayınlanma | [jajınlanma] |
| oplage (de) | tiraj | [tiraʒ] |

| boekhandel (de) | kitabevi | [kitabevi] |
| bibliotheek (de) | kütüphane | [kytyphane] |

novelle (de)	uzun öykü	[uzun øjky]
verhaal (het)	öykü	[øjky]
roman (de)	roman	[roman]
detectiveroman (de)	polisiye roman	[polisje roman]

memoires (mv.)	anılar	[anılar]
legende (de)	efsane	[efsane]
mythe (de)	mit	[mit]

gedichten (mv.)	şiir	[ʃi:ir]
autobiografie (de)	otobiyografi	[otobijografi]
bloemlezing (de)	seçkin eserler	[setʃkin eserler]
sciencefiction (de)	bilim kurgu	[bilim kurgu]

naam (de)	isim	[isim]
inleiding (de)	giriş	[giriʃ]
voorblad (het)	başlık sayfası	[baʃlık sajfası]

hoofdstuk (het)	bölüm	[bølym]
fragment (het)	parça	[partʃa]
episode (de)	kısım	[kısım]

intrige (de)	konu, tema	[konu], [tema]
inhoud (de)	içindekiler	[itʃindekiler]
inhoudsopgave (de)	içindekiler listesi	[itʃindekiler listesi]
hoofdpersonage (het)	ana karakter	[ana karakter]

boekdeel (het)	cilt	[dʒilt]
omslag (de/het)	kapak	[kapak]
boekband (de)	cilt	[dʒilt]
bladwijzer (de)	kitap ayracı	[kitap ajradʒı]

pagina (de)	sayfa	[sajfa]
bladeren (ww)	göz atmak	[gøz atmak]
marges (mv.)	kenar boşluğu	[kenar boʃluu]
annotatie (de)	not	[not]
opmerking (de)	dipnot	[dipnot]

tekst (de)	metin	[metin]
lettertype (het)	yazı tipi	[jazı tipi]
drukfout (de)	baskı hatası	[baskı hatası]

vertaling (de)	çeviri	[tʃeviri]
vertalen (ww)	çevirmek	[tʃevirmek]
origineel (het)	asıl, orijinal	[asıl], [oriʒinal]

beroemd (bn)	ünlü	[ynly]
onbekend (bn)	meçhul	[metʃhul]
interessant (bn)	ilginç	[ilgintʃ]
bestseller (de)	çok satılan kitap	[tʃok satılan kitap]

woordenboek (het)	sözlük	[søzlyk]
leerboek (het)	ders kitabı	[ders kitabı]
encyclopedie (de)	ansiklopedi	[ansiklopedi]

133. Jacht. Vissen

jacht (de)	av	[av]
jagen (ww)	avlamak	[avlamak]
jager (de)	avcı	[avdʒı]

schieten (ww)	ateş etmek	[ateʃ etmek]
geweer (het)	tüfek	[tyfek]
patroon (de)	fişek	[fiʃek]
hagel (de)	saçma	[satʃma]

val (de)	kapan	[kapan]
valstrik (de)	tuzak	[tuzak]
een val zetten	tuzak kurmak	[tuzak kurmak]
stroper (de)	kaçak avcı	[katʃak avdʒı]
wild (het)	av hayvanları	[av hajvanları]
jachthond (de)	av köpeği	[av køpei]
safari (de)	safari	[safari]
opgezet dier (het)	doldurulmuş hayvan	[doldurulmuʃ hajvan]

visser (de)	balıkçı	[balıktʃı]
visvangst (de)	balık avı	[balık avı]
vissen (ww)	balık tutmak	[balık tutmak]
hengel (de)	olta	[olta]
vislijn (de)	olta ipi	[olta ipi]
haak (de)	olta iğnesi	[olta i:inesi]
dobber (de)	olta mantarı	[olta mantarı]
aas (het)	yem	[jem]

de hengel uitwerpen	olta atmak	[olta atmak]
bijten (ov. de vissen)	oltaya vurmak	[oltaja vurmak]
vangst (de)	tutulan balık miktarı	[tutulan balık miktarı]
wak (het)	buzda açılmış oyuk	[buzda atʃılmıʃ ojuk]

net (het)	ağ	[aa]
boot (de)	kayık	[kajık]
vissen met netten	ağ ile yakalamak	[aa ile jakalamak]
het net uitwerpen	ağ atmak	[aa atmak]
het net binnenhalen	ağı çıkarmak	[aı tʃıkarmak]

walvisvangst (de)	balina avcısı	[balina avdʒısı]
walvisvaarder (de)	balina gemisi	[balina gemisi]
harpoen (de)	zıpkın	[zıpkın]

134. Spellen. Biljart

| biljart (het) | bilardo | [bilardo] |
| biljartzaal (de) | bilardo salonu | [bilardo salonu] |

biljartbal (de)	bilardo topu	[bilardo topu]
een bal in het gat jagen	topu cebe sokmak	[topu dʒebe sokmak]
keu (de)	isteka	[isteka]
gat (het)	cep	[dʒep]

135. Spellen. Speelkaarten

ruiten (mv.)	karo	[karo]
schoppen (mv.)	maça	[matʃa]
klaveren (mv.)	kupa	[kupa]
harten (mv.)	sinek	[sinek]

aas (de)	bey	[bej]
koning (de)	kral	[kral]
dame (de)	kız	[kız]
boer (de)	vale	[vale]

speelkaart (de)	kağıt, iskambil kağıdı	[kaıt], [iskambil kaıdı]
kaarten (mv.)	iskambil	[iskambil]
troef (de)	koz	[koz]
pak (het) kaarten	deste	[deste]

uitdelen (kaarten ~)	dağıtmak	[daıtmak]
schudden (de kaarten ~)	karıştırmak	[karıʃtırmak]
beurt (de)	el	[el]
valsspeler (de)	hilebaz	[hilebaz]

136. Rusten. Spellen. Diversen

wandelen (on.ww.)	gezmek	[gezmek]
wandeling (de)	gezi	[gezi]
trip (per auto)	yol gezisi	[jol gezisi]
avontuur (het)	macera	[madʒera]
picknick (de)	piknik	[piknik]

spel (het)	oyun	[ojun]
speler (de)	oyuncu	[ojundʒu]
partij (de)	parti	[parti]

collectioneur (de)	koleksiyoncu	[koleksjondʒu]
collectioneren (ww)	toplamak	[toplamak]
collectie (de)	koleksiyon	[koleksjon]

kruiswoordraadsel (het)	bulmaca	[bulmadʒa]
hippodroom (de)	hipodrom	[hipodrom]
discotheek (de)	disko	[disko]

| sauna (de) | sauna | [sauna] |
| loterij (de) | piyango | [pijango] |

| trektocht (kampeertocht) | kamp yapma | [kamp japma] |
| kamp (het) | kamp | [kamp] |

tent (de)	çadır	[ʧadır]
kompas (het)	pusula	[pusula]
rugzaktoerist (de)	kampçı	[kampʧı]

bekijken (een film ~)	izlemek	[izlemek]
kijker (televisie~)	izleyici	[izlejidʒi]
televisie-uitzending (de)	televizyon programı	[televizjon programı]

137. Fotografie

| fotocamera (de) | fotoğraf makinesi | [fotoraf makinesi] |
| foto (de) | foto | [foto] |

fotograaf (de)	fotoğrafçı	[fotoraftʃı]
fotostudio (de)	fotoğraf stüdyosu	[fotoraf stydjosu]
fotoalbum (het)	fotoğraf albümü	[fotoraf albymy]

lens (de), objectief (het)	objektif	[obʒektif]
telelens (de)	teleobjektif	[teleobʒektif]
filter (de/het)	filtre	[filtre]
lens (de)	lens	[lens]

optiek (de)	optik	[optik]
diafragma (het)	diyafram	[diafram]
belichtingstijd (de)	poz	[poz]
zoeker (de)	vizör	[vizør]

digitale camera (de)	dijital fotoğraf makinesi	[diʒital fotoraf makinesi]
statief (het)	üçayak	[ytʃajak]
flits (de)	flâş	[flaʃ]
fotograferen (ww)	fotoğraf çekmek	[fotoraf ʧekmek]
foto's maken	resim çekmek	[resim ʧekmek]
zich laten fotograferen	fotoğraf çektirmek	[fotoraf ʧektirmek]

focus (de)	odak	[odak]
scherpstellen (ww)	odaklamak	[odaklamak]
scherp (bn)	net	[net]
scherpte (de)	netlik	[netlik]

| contrast (het) | kontrast | [kontrast] |
| contrastrijk (bn) | kontrastlı | [kontrastlı] |

kiekje (het)	resim	[resim]
negatief (het)	negatif	[negatif]
filmpje (het)	film	[film]
beeld (frame)	görüntü	[gørynty]
afdrukken (foto's ~)	basmak	[basmak]

138. Strand. Zwemmen

| strand (het) | plaj | [plaʒ] |
| zand (het) | kum | [kum] |

leeg (~ strand)	tenha	[tenha]
bruine kleur (de)	bronzlaşmış ten	[bronzlaʃmıʃ ten]
zonnebaden (ww)	bronzlaşmak	[bronzlaʃmak]
gebruind (bn)	bronzlaşmış	[bronzlaʃmıʃ]
zonnecrème (de)	güneş kremi	[gyneʃ kremi]

bikini (de)	bikini	[bikini]
badpak (het)	mayo	[majo]
zwembroek (de)	erkek mayosu	[erkek majosu]

zwembad (het)	havuz	[havuz]
zwemmen (ww)	yüzmek	[juzmek]
douche (de)	duş	[duʃ]
zich omkleden (ww)	değişmek	[deiʃmek]
handdoek (de)	havlu	[havlu]

| boot (de) | kayık | [kajık] |
| motorboot (de) | sürat teknesi | [syrat teknesi] |

waterski's (mv.)	su kayağı	[su kajaı]
waterfiets (de)	su bisikleti	[su bisikleti]
surfen (het)	sörfçülük	[sørftʃulyk]
surfer (de)	sörfçü	[sørftʃu]

scuba, aqualong (de)	skuba, oksijen tüpü	[skuba], [oksiʒen typy]
zwemvliezen (mv.)	paletler	[paletler]
duikmasker (het)	maske	[maske]
duiker (de)	dalgıç	[dalgıtʃ]
duiken (ww)	dalmak	[dalmak]
onder water (bw)	su altı	[su altı]

parasol (de)	güneş şemsiyesi	[gyneʃ ʃemsijesi]
ligstoel (de)	şezlong	[ʃezlong]
zonnebril (de)	güneş gözlüğü	[gyneʃ gøzlyju]
luchtmatras (de/het)	şişme yatak	[ʃiʃme jatak]

| spelen (ww) | oynamak | [ojnamak] |
| gaan zwemmen (ww) | suya girmek | [suja girmek] |

bal (de)	top	[top]
opblazen (oppompen)	hava basmak	[hava basmak]
lucht-, opblaasbare (bn)	şişme	[ʃiʃme]

golf (hoge ~)	dalga	[dalga]
boei (de)	şamandıra	[ʃamandıra]
verdrinken (ww)	suda boğulmak	[suda boulmak]

redden (ww)	kurtarmak	[kurtarmak]
reddingsvest (de)	can yeleği	[dʒan jelei]
waarnemen (ww)	gözlemlemek	[gøzlemlemek]
redder (de)	cankurtaran	[dʒankurtaran]

TECHNISCHE APPARATUUR. VERVOER

Technische apparatuur

139. Computer

computer (de)	bilgisayar	[bilgisajar]
laptop (de)	dizüstü bilgisayar	[dizysty bilgisajar]
aanzetten (ww)	açmak	[atʃmak]
uitzetten (ww)	kapatmak	[kapatmak]
toetsenbord (het)	klavye	[klavje]
toets (enter~)	tuş	[tuʃ]
muis (de)	fare	[fare]
muismat (de)	fare altlığı	[fare altlı:ı]
knopje (het)	tuş	[tuʃ]
cursor (de)	fare imleci	[fare imledʒi]
monitor (de)	monitör	[monitør]
scherm (het)	ekran	[ekran]
harde schijf (de)	sabit disk	[sabit disk]
volume (het)	sabit disk hacmi	[sabit disk hadʒmi]
van de harde schijf		
geheugen (het)	bellek	[bellek]
RAM-geheugen (het)	RAM belleği	[ram bellei]
bestand (het)	dosya	[dosja]
folder (de)	klasör	[klasør]
openen (ww)	açmak	[atʃmak]
sluiten (ww)	kapatmak	[kapatmak]
opslaan (ww)	kaydetmek	[kajdetmek]
verwijderen (wissen)	silmek	[silmek]
kopiëren (ww)	kopyalamak	[kopjalamak]
sorteren (ww)	sıralamak	[sıralamak]
overplaatsen (ww)	kopyalamak	[kopjalamak]
programma (het)	program	[program]
software (de)	yazılım	[jazılım]
programmeur (de)	programcı	[programdʒı]
programmeren (ww)	program yapmak	[program japmak]
hacker (computerkraker)	hekır	[hekır]
wachtwoord (het)	parola	[parola]
virus (het)	virüs	[virys]
ontdekken (virus ~)	tespit etmek, bulmak	[tespit etmek], [bulmak]

byte (de)	bayt	[bajt]
megabyte (de)	megabayt	[megabajt]

data (de)	veri, data	[veri], [data]
databank (de)	veritabanı	[veritabanı]

kabel (USB-~, enz.)	kablo	[kablo]
afsluiten (ww)	bağlantıyı kesmek	[baalantıi kesmek]
aansluiten op (ww)	bağlamak	[baalamak]

140. Internet. E-mail

internet (het)	internet	[internet]
browser (de)	gözatıcı	[gøzatidʒı]
zoekmachine (de)	arama motoru	[arama motoru]
internetprovider (de)	Internet sağlayıcı	[internet saalaıdʒı]

webmaster (de)	Web master	[veb master]
website (de)	internet sitesi	[internet sitesi]
webpagina (de)	internet sayfası	[internet sajfası]

adres (het)	adres	[adres]
adresboek (het)	adres defteri	[adres defteri]

postvak (het)	posta kutusu	[posta kutusu]
post (de)	posta	[posta]

bericht (het)	mesaj	[mesaʒ]
binnenkomende berichten (mv.)	gelen mesajlar	[gelen mesajlar]
uitgaande berichten (mv.)	giden mesajlar	[giden mesajlar]
verzender (de)	gönderen	[gønderen]
verzenden (ww)	göndermek	[gøndermek]
verzending (de)	gönderme	[gønderme]

ontvanger (de)	alıcı	[alıdʒı]
ontvangen (ww)	almak	[almak]

correspondentie (de)	yazışma	[jazıʃma]
corresponderen (met ...)	yazışmak	[jazıʃmak]

bestand (het)	dosya	[dosja]
downloaden (ww)	indirmek	[indirmek]
creëren (ww)	oluşturmak	[oluʃturmak]
verwijderen (een bestand ~)	silmek	[silmek]
verwijderd (bn)	silinmiş	[silinmiʃ]

verbinding (de)	bağlantı	[baalantı]
snelheid (de)	hız	[hız]
modem (de)	modem	[modem]
toegang (de)	erişim	[eriʃim]
poort (de)	port, giriş yeri	[port], [giriʃ jeri]
aansluiting (de)	bağlantı	[baalantı]
zich aansluiten (ww)	... bağlanmak	[baalanmak]

selecteren (ww)	**seçmek**	[setʃmek]
zoeken (ww)	**aramak**	[aramak]

Vervoer

141. Vliegtuig

vliegtuig (het)	uçak	[utʃak]
vliegticket (het)	uçak bileti	[utʃak bileti]
luchtvaartmaatschappij (de)	hava yolları şirketi	[hava jolları ʃirketi]
luchthaven (de)	havaalanı	[havaalanı]
supersonisch (bn)	sesüstü	[sesysty]
gezagvoerder (de)	kaptan pilot	[kaptan pilot]
bemanning (de)	ekip	[ekip]
piloot (de)	pilot	[pilot]
stewardess (de)	hostes	[hostes]
stuurman (de)	seyrüseferci	[sejryseferdʒi]
vleugels (mv.)	kanatlar	[kanatlar]
staart (de)	kuyruk	[kujruk]
cabine (de)	kabin	[kabin]
motor (de)	motor	[motor]
landingsgestel (het)	iniş takımı	[iniʃ takımı]
turbine (de)	türbin	[tyrbin]
propeller (de)	pervane	[pervane]
zwarte doos (de)	kara kutu	[kara kutu]
stuur (het)	kumanda kolu	[kumanda kolu]
brandstof (de)	yakıt	[jakıt]
veiligheidskaart (de)	güvenlik kartı	[gyvenlik kartı]
zuurstofmasker (het)	oksijen maskesi	[oksiʒen maskesi]
uniform (het)	üniforma	[yniforma]
reddingsvest (de)	can yeleği	[dʒan jelei]
parachute (de)	paraşüt	[paraʃyt]
opstijgen (het)	kalkış	[kalkıʃ]
opstijgen (ww)	kalkmak	[kalkmak]
startbaan (de)	kalkış pisti	[kalkıʃ pisti]
zicht (het)	görüş	[gøryʃ]
vlucht (de)	uçuş	[utʃuʃ]
hoogte (de)	yükseklik	[jukseklik]
luchtzak (de)	hava boşluğu	[hava boʃluu]
plaats (de)	yer	[jer]
koptelefoon (de)	kulaklık	[kulaklık]
tafeltje (het)	katlanır tepsi	[katlanır tepsi]
venster (het)	pencere	[pendʒere]
gangpad (het)	koridor	[koridor]

142. Trein

trein (de)	tren	[tren]
elektrische trein (de)	elektrikli tren	[elektrikli tren]
sneltrein (de)	hızlı tren	[hızlı tren]
diesellocomotief (de)	dizel lokomotifi	[dizel lokomotifi]
stoomlocomotief (de)	buharlı lokomotif	[buharlı lokomotif]
rijtuig (het)	vagon	[vagon]
restauratierijtuig (het)	vagon restoran	[vagon restoran]
rails (mv.)	ray	[raj]
spoorweg (de)	demir yolu	[demir jolu]
dwarsligger (de)	travers	[travers]
perron (het)	peron	[peron]
spoor (het)	yol	[jol]
semafoor (de)	semafor	[semafor]
halte (bijv. kleine treinhalte)	istasyon	[istasjon]
machinist (de)	makinist	[makinist]
kruier (de)	hamal	[hamal]
conducteur (de)	kondüktör	[kondyktør]
passagier (de)	yolcu	[joldʒu]
controleur (de)	kondüktör	[kondyktør]
gang (in een trein)	koridor	[koridor]
noodrem (de)	imdat freni	[imdat freni]
coupé (de)	kompartıman	[kompartıman]
bed (slaapplaats)	yatak	[jatak]
bovenste bed (het)	üst yatak	[yst jatak]
onderste bed (het)	alt yatak	[alt jatak]
beddengoed (het)	yatak takımı	[jatak takımı]
kaartje (het)	bilet	[bilet]
dienstregeling (de)	tarife	[tarife]
informatiebord (het)	sefer tarifesi	[sefer tarifesi]
vertrekken (De trein vertrekt ...)	kalkmak	[kalkmak]
vertrek (ov. een trein)	kalkış	[kalkıʃ]
aankomen (ov. de treinen)	varmak	[varmak]
aankomst (de)	varış	[varıʃ]
aankomen per trein	trenle gelmek	[trenle gelmek]
in de trein stappen	trene binmek	[trene binmek]
uit de trein stappen	trenden inmek	[trenden inmek]
treinwrak (het)	tren enkazı	[tren enkazı]
ontspoord zijn	raydan çıkmak	[rajdan tʃıkmak]
stoomlocomotief (de)	buharlı lokomotif	[buharlı lokomotif]
stoker (de)	ocakçı	[odʒaktʃı]
stookplaats (de)	ocak	[odʒak]
steenkool (de)	kömür	[kømyr]

143. Schip

schip (het)	gemi	[gemi]
vaartuig (het)	tekne	[tekne]
stoomboot (de)	vapur	[vapur]
motorschip (het)	dizel motorlu gemi	[dizel motorlu gemi]
lijnschip (het)	büyük gemi	[byjuk gemi]
kruiser (de)	kruvazör	[kruvazør]
jacht (het)	yat	[jat]
sleepboot (de)	römorkör	[rømorkør]
duwbak (de)	yük dubası	[juk dubası]
ferryboot (de)	feribot	[feribot]
zeilboot (de)	yelkenli gemi	[jelkenli gemi]
brigantijn (de)	gulet	[gulet]
ijsbreker (de)	buzkıran	[buzkıran]
duikboot (de)	denizaltı	[denizaltı]
boot (de)	kayık	[kajık]
sloep (de)	filika	[filika]
reddingssloep (de)	cankurtaran filikası	[dʒankurtaran filikası]
motorboot (de)	sürat teknesi	[syrat teknesi]
kapitein (de)	kaptan	[kaptan]
zeeman (de)	tayfa	[tajfa]
matroos (de)	denizci	[denizdʒi]
bemanning (de)	mürettebat	[myrettebat]
bootsman (de)	lostromo	[lostromo]
scheepsjongen (de)	miço	[miʧo]
kok (de)	gemi aşçısı	[gemi aʃʧısı]
scheepsarts (de)	gemi doktoru	[gemi doktoru]
dek (het)	güverte	[gyverte]
mast (de)	direk	[direk]
zeil (het)	yelken	[jelken]
ruim (het)	ambar	[ambar]
voorsteven (de)	geminin baş tarafı	[geminin baʃ tarafı]
achtersteven (de)	kıç	[kıʧ]
roeispaan (de)	kürek	[kyrek]
schroef (de)	pervane	[pervane]
kajuit (de)	kamara	[kamara]
officierskamer (de)	subay yemek salonu	[subaj jemek salonu]
machinekamer (de)	makine dairesi	[makine dairesi]
brug (de)	kaptan köprüsü	[kaptan køprysy]
radiokamer (de)	telsiz odası	[telsiz odası]
radiogolf (de)	dalga	[dalga]
logboek (het)	gemi jurnali	[gemi ʒurnalı]
verrekijker (de)	tek dürbün	[tek dyrbyn]
klok (de)	çan	[ʧan]

vlag (de)	bayrak	[bajrak]
kabel (de)	halat	[halat]
knoop (de)	düğüm	[dyjum]

leuning (de)	vardavela	[vardavela]
trap (de)	iskele	[iskele]

anker (het)	çapa, demir	[ʧapa], [demir]
het anker lichten	demir almak	[demir almak]
het anker neerlaten	demir atmak	[demir atmak]
ankerketting (de)	çapa zinciri	[ʧapa zinʤiri]

haven (bijv. containerhaven)	liman	[liman]
kaai (de)	iskele, rıhtım	[iskele], [rıhtım]
aanleggen (ww)	yanaşmak	[janaʃmak]
wegvaren (ww)	iskeleden ayrılmak	[iskeleden ajrılmak]

reis (de)	seyahat	[sejahat]
cruise (de)	gemi turu	[gemi turu]
koers (de)	seyir	[sejir]
route (de)	rota	[rota]

vaarwater (het)	seyir koridoru	[sejir koridoru]
zandbank (de)	sığlık	[sı:ılık]
stranden (ww)	karaya oturmak	[karaja oturmak]

storm (de)	fırtına	[fırtına]
signaal (het)	sinyal	[sinjal]
zinken (ov. een boot)	batmak	[batmak]
Man overboord!	denize adam düştü	[denize adam dyʃty]
SOS (noodsignaal)	SOS	[es o es]
reddingsboei (de)	can simidi	[ʤan simidi]

144. Vliegveld

luchthaven (de)	havaalanı	[havaalanı]
vliegtuig (het)	uçak	[uʧak]
luchtvaartmaatschappij (de)	hava yolları şirketi	[hava jolları ʃirketi]
luchtverkeersleider (de)	hava trafik kontrolörü	[hava trafik kontroløry]

vertrek (het)	kalkış	[kalkıʃ]
aankomst (de)	varış	[varıʃ]
aankomen (per vliegtuig)	varmak	[varmak]

vertrektijd (de)	kalkış saati	[kalkıʃ saati]
aankomstuur (het)	iniş saati	[iniʃ saati]

vertraagd zijn (ww)	gecikmek	[geʤikmek]
vluchtvertraging (de)	gecikme	[geʤikme]

informatiebord (het)	bilgi panosu	[bilgi panosu]
informatie (de)	danışma	[danıʃma]
aankondigen (ww)	anons etmek	[anons etmek]
vlucht (bijv. KLM ~)	uçuş, sefer	[uʧuʃ], [sefer]

| douane (de) | gümrük | [gymryk] |
| douanier (de) | gümrükçü | [gymrykʧu] |

douaneaangifte (de)	gümrük beyannamesi	[gymryk bejannamesi]
invullen (douaneaangifte ~)	doldurmak	[doldurmak]
een douaneaangifte invullen	beyanname doldurmak	[bejanname doldurmak]
paspoortcontrole (de)	pasaport kontrol	[pasaport kontrol]

bagage (de)	bagaj	[bagaʒ]
handbagage (de)	el bagajı	[el bagaʒı]
bagagekarretje (het)	bagaj arabası	[bagaʒ arabası]

landing (de)	iniş	[iniʃ]
landingsbaan (de)	iniş pisti	[iniʃ pisti]
landen (ww)	inmek	[inmek]
vliegtuigtrap (de)	uçak merdiveni	[uʧak merdiveni]

inchecken (het)	check-in	[ʧek in]
incheckbalie (de)	kontuar check-in	[kontuar ʧek in]
inchecken (ww)	check-in yapmak	[ʧek in japmak]
instapkaart (de)	biniş kartı	[biniʃ kartı]
gate (de)	çıkış kapısı	[ʧıkıʃ kapısı]

transit (de)	transit	[transit]
wachten (ww)	beklemek	[beklemek]
wachtzaal (de)	bekleme salonu	[bekleme salonu]
begeleiden (uitwuiven)	yolcu etmek	[joldʒu etmek]
afscheid nemen (ww)	vedalaşmak	[vedalaʃmak]

145. Fiets. Motorfiets

fiets (de)	bisiklet	[bisiklet]
bromfiets (de)	scooter	[skuter]
motorfiets (de)	motosiklet	[motosiklet]

met de fiets rijden	bisikletle gitmek	[bisikletle gitmek]
stuur (het)	gidon	[gidon]
pedaal (de/het)	pedal	[pedal]
remmen (mv.)	fren, frenler	[fren], [frenler]
fietszadel (de/het)	bisiklet selesi	[bisiklet selesi]

pomp (de)	pompa	[pompa]
bagagedrager (de)	bisiklet bagajı	[bisiklet bagaʒı]
fietslicht (het)	ön lamba	[øn lamba]
helm (de)	kask	[kask]

wiel (het)	tekerlek	[tekerlek]
spatbord (het)	çamurluk	[ʧamurluk]
velg (de)	jant	[ʒant]
spaak (de)	jant teli	[ʒant teli]

Auto's

146. Soorten auto's

auto (de)	araba	[araba]
sportauto (de)	spor araba	[spor araba]
limousine (de)	limuzin	[limuzin]
terreinwagen (de)	arazi aracı	[arazi aradʒı]
cabriolet (de)	üstü açılabilir araba	[ysty atʃılabilir araba]
minibus (de)	minibüs	[minibys]
ambulance (de)	ambulans	[ambulans]
sneeuwruimer (de)	kar temizleme aracı	[kar temizleme aradʒı]
vrachtwagen (de)	kamyon	[kamjon]
tankwagen (de)	akaryakıt tankeri	[akarjakıt tankeri]
bestelwagen (de)	kamyonet	[kamjonet]
trekker (de)	tır çekici	[tir tʃekidʒı]
aanhangwagen (de)	römork	[rømork]
comfortabel (bn)	konforlu	[konforlu]
tweedehands (bn)	kullanılmış	[kullanılmıʃ]

147. Auto's. Carrosserie

motorkap (de)	kaporta	[kaporta]
spatbord (het)	çamurluk	[tʃamurluk]
dak (het)	çatı	[tʃatı]
voorruit (de)	ön cam	[øn dʒam]
achterruit (de)	dikiz aynası	[dikiz ajnası]
ruitensproeier (de)	ön cam yıkayıcı	[øn dʒam jıkajıdʒi]
wisserbladen (mv.)	silecek	[siledʒek]
zijruit (de)	yan camisi	[jan dʒamisi]
raamlift (de)	cam krikosu	[dʒam krikosu]
antenne (de)	anten	[anten]
zonnedak (het)	açılır tavan	[atʃılır tavan]
bumper (de)	tampon	[tampon]
koffer (de)	bagaj	[bagaʒ]
imperiaal (de/het)	portbagaj	[portbagaʒ]
portier (het)	kapı	[kapı]
handvat (het)	kapı kolu	[kapı kolu]
slot (het)	kilit	[kilit]
nummerplaat (de)	plaka	[plaka]
knalpot (de)	susturucu	[susturudʒu]

| benzinetank (de) | benzin deposu | [benzin deposu] |
| uitlaatpijp (de) | egzoz borusu | [egzoz borusu] |

gas (het)	gaz	[gaz]
pedaal (de/het)	pedal	[pedal]
gaspedaal (de/het)	gaz pedalı	[gaz pedalı]

rem (de)	fren	[fren]
rempedaal (de/het)	fren pedalı	[fren pedalı]
remmen (ww)	yavaşlamak	[javaʃlamak]
handrem (de)	el freni	[el freni]

koppeling (de)	debriyaj	[debrijaʒ]
koppelingspedaal (de/het)	debriyaj pedalı	[debrijaʒ pedalı]
koppelingsschijf (de)	debriyaj diski	[debrijaʒ diski]
schokdemper (de)	amortisör	[amortisør]

wiel (het)	tekerlek	[tekerlek]
reservewiel (het)	istepne	[istepne]
band (de)	lastik	[lastik]
wieldop (de)	jant kapağı	[ʒant kapaı]

aandrijfwielen (mv.)	çalıştırma dişlisi	[tʃalıʃtırma diʃlisi]
met voorwielaandrijving	önden çekişli	[ønden tʃekiʃli]
met achterwielaandrijving	arkadan çekişli	[arkadan tʃekiʃli]
met vierwielaandrijving	dört çeker	[dørt tʃeker]

versnellingsbak (de)	vites kutusu	[vites kutusu]
automatisch (bn)	otomatik	[otomatik]
mechanisch (bn)	mekanik	[mekanik]
versnellingspook (de)	vites kolu	[vites kolu]

| voorlicht (het) | far | [far] |
| voorlichten (mv.) | farlar | [farlar] |

dimlicht (het)	kısa huzmeli	[kısa huzmeli]
grootlicht (het)	uzun huzmeli farlar	[uzun hyzmeli farlar]
stoplicht (het)	fren lambası	[fren lambası]

standlichten (mv.)	park lambası	[park lambası]
noodverlichting (de)	tehlike uyarı ışığı	[tehlike ujarı iʃı:ı]
mistlichten (mv.)	sis lambaları	[sis lambaları]
pinker (de)	dönüş sinyali	[dønyʃ sinjali]
achteruitrijdlicht (het)	geri vites lambası	[geri vites lambası]

148. Auto's. Passagiersruimte

interieur (het)	arabanın içi	[arabanın itʃi]
leren (van leer gemaak)	deri	[deri]
fluwelen (abn)	velur	[velyr]
bekleding (de)	iç döşeme	[itʃ døʃeme]

| toestel (het) | gösterge | [gøsterge] |
| instrumentenbord (het) | gösterge paneli | [gøsterge paneli] |

snelheidsmeter (de)	hız göstergesi	[hız gøstergesi]
pijltje (het)	ibre	[ibre]

kilometerteller (de)	kilometre sayacı	[kilometre sajadʒı]
sensor (de)	sensör	[sensør]
niveau (het)	seviye	[sevije]
controlelampje (het)	gösterge lambası	[gøsterge lambası]

stuur (het)	direksiyon	[direksjon]
toeter (de)	klakson sesi	[klakson sesi]
knopje (het)	düğme	[dyjme]
schakelaar (de)	şalteri	[ʃalteri]

stoel (bestuurders~)	koltuk	[koltuk]
rugleuning (de)	arka koltuk	[arka koltuk]
hoofdsteun (de)	koltuk başlığı	[koltuk baʃlıːı]
veiligheidsgordel (de)	emniyet kemeri	[emnijet kemeri]
de gordel aandoen	emniyet kemeri takmak	[emnijet kemeri takmak]
regeling (de)	ayarlama	[ajarlama]

airbag (de)	hava yastığı	[hava jastıːı]
airconditioner (de)	klima	[klima]

radio (de)	radyo	[radjo]
CD-speler (de)	CD çalar	[sidi ʧalar]
aanzetten (bijv. radio ~)	açmak	[atʃmak]
antenne (de)	anten	[anten]
handschoenenkastje (het)	torpido gözü	[torpido gøzly]
asbak (de)	küllük	[kyllyk]

149. Auto's. Motor

diesel- (abn)	dizel	[dizel]
benzine- (~motor)	benzinli	[benzinlı]

motorinhoud (de)	motor hacmi	[motor hadʒmi]
vermogen (het)	güç	[gytʃ]
paardenkracht (de)	beygir gücü	[bejgir gydʒy]
zuiger (de)	piston	[piston]
cilinder (de)	silindir	[silindir]
klep (de)	supap	[supap]

injectie (de)	enjektör	[enʒektør]
generator (de)	jeneratör	[ʒeneratør]
carburator (de)	karbüratör	[karbyratør]
motorolie (de)	motor yağı	[motor jaı]

radiator (de)	radyatör	[radjatør]
koelvloeistof (de)	soğutucu sıvı	[soutudʒu sıvı]
ventilator (de)	soğutma fanı	[soutma fanı]

accu (de)	akü	[aky]
starter (de)	marş, starter	[marʃ], [starter]
contact (ontsteking)	ateşleme	[ateʃleme]

bougie (de)	ateşleme bujisi	[ateʃleme buʒisi]
pool (de)	terminal	[terminal]
positieve pool (de)	artı kutup	[artı kutup]
negatieve pool (de)	eksi kutup	[eksi kutup]
zekering (de)	sigorta	[sigorta]

luchtfilter (de)	hava filtresi	[hava filtresi]
oliefilter (de)	yağ filtresi	[jaa filtresi]
benzinefilter (de)	yakıt filtresi	[jakıt filtresi]

150. Auto's. Botsing. Reparatie

auto-ongeval (het)	kaza	[kaza]
verkeersongeluk (het)	trafik kazası	[trafik kazası]
aanrijden	bindirmek	[bindirmek]
(tegen een boom, enz.)		

verongelukken (ww)	kaza yapmak	[kaza japmak]
beschadiging (de)	hasar	[hasar]
heelhuids (bn)	sağlam	[saalam]

pech (de)	arıza	[arıza]
kapot gaan (zijn gebroken)	arıza yapmak	[arıza japmak]
sleeptouw (het)	çekme halatı	[tʃekme halatı]

lek (het)	delik	[delik]
lekke krijgen (band)	sönmek	[sønmek]
oppompen (ww)	hava basmak	[hava basmak]
druk (de)	basınç	[basıntʃ]
checken (ww)	kontrol etmek	[kontrol etmek]

reparatie (de)	tamirat	[tamirat]
garage (de)	tamirhane	[tamirhane]
wisselstuk (het)	yedek parça	[jedek partʃa]
onderdeel (het)	parça	[partʃa]

bout (de)	cıvata	[dʒıvata]
schroef (de)	vida	[vida]
moer (de)	somun	[somun]
sluitring (de)	pul	[pul]
kogellager (de/het)	rulman	[rulman]

pijp (de)	hortum, boru	[hortum], [boru]
pakking (de)	conta	[dʒonta]
kabel (de)	tel	[tel]

dommekracht (de)	kriko	[kriko]
moersleutel (de)	somun anahtarı	[somun anahtarı]
hamer (de)	çekiç	[tʃekitʃ]
pomp (de)	pompa	[pompa]
schroevendraaier (de)	tornavida	[tornavida]
brandblusser (de)	yangın tüpü	[jangın typy]
gevarendriehoek (de)	üçgen reflektör	[ytʃgen reflektør]
afslaan	durmak	[durmak]
(ophouden te werken)		

uitvallen (het)	**arızalanıp stop etme**	[arızalanıp stop etme]
zijn gebroken	**bozuk olmak**	[bozuk olmak]

oververhitten (ww)	**aşırı ısınmak**	[aʃırı isinmak]
verstopt raken (ww)	**tıkanmak**	[tıkanmak]
bevriezen (autodeur, enz.)	**donmak**	[donmak]
barsten (leidingen, enz.)	**patlamak**	[patlamak]

druk (de)	**basınç**	[basıntʃ]
niveau (bijv. olieniveau)	**seviye**	[sevije]
slap (de drijfriem is ~)	**gevşek**	[gevʃek]

deuk (de)	**ezik, vuruk**	[ezik], [vuruk]
geklop (vreemde geluiden)	**gürültü**	[gyrylty]
barst (de)	**çatlak**	[tʃatlak]
kras (de)	**çizik**	[tʃizik]

151. Auto's. Weg

weg (de)	**yol**	[jol]
snelweg (de)	**otoban**	[otoban]
autoweg (de)	**şose**	[ʃose]
richting (de)	**istikamet**	[istikamet]
afstand (de)	**mesafe**	[mesafe]

brug (de)	**köprü**	[køpry]
parking (de)	**park yeri**	[park jeri]
plein (het)	**meydan**	[mejdan]
verkeersknooppunt (het)	**kavşak**	[kavʃak]
tunnel (de)	**tünel**	[tynel]

benzinestation (het)	**yakıt istasyonu**	[jakıt istasjonu]
parking (de)	**otopark**	[otopark]
benzinepomp (de)	**benzin pompası**	[benzin pompası]
garage (de)	**tamirhane**	[tamirhane]
tanken (ww)	**depoyu doldurmak**	[depoju doldurmak]
brandstof (de)	**yakıt**	[jakıt]
jerrycan (de)	**benzin bidonu**	[benzin bidonu]

asfalt (het)	**asfalt**	[asfalt]
markering (de)	**yol çizgileri**	[jol tʃizgileri]
trottoirband (de)	**bordür**	[bordyr]
geleiderail (de)	**otoyol korkuluk**	[otojol korkylyk]
greppel (de)	**hendek**	[hendek]
vluchtstrook (de)	**yol kenarı**	[jol kenarı]
lichtmast (de)	**direk**	[direk]

besturen (een auto ~)	**sürmek**	[syrmek]
afslaan (naar rechts ~)	**dönmek**	[dønmek]
U-bocht maken (ww)	**U dönüşü yapmak**	[u dønyʃy japmak]
achteruit (de)	**geri vites**	[geri vites]

toeteren (ww)	**korna çalmak**	[korna tʃalmak]
toeter (de)	**korna sesi**	[korna sesi]

vastzitten (in modder)	saplanmak	[saplanmak]
spinnen (wielen gaan ~)	patinaj yapmak	[patinaʒ japmak]
uitzetten (ww)	motoru durdurmak	[motoru durdurmak]
snelheid (de)	hız	[hız]
een snelheidsovertreding maken	hız limitini aşmak	[hız limitini aʃmak]
bekeuren (ww)	ceza kesmek	[dʒeza kesmek]
verkeerslicht (het)	trafik ışıkları	[trafik ıʃıkları]
rijbewijs (het)	ehliyet	[ehlijet]
overgang (de)	hemzemin geçit	[hemzemin getʃit]
kruispunt (het)	kavşak	[kavʃak]
zebrapad (oversteekplaats)	yaya geçidi	[jaja getʃidi]
bocht (de)	viraj	[viraʒ]
voetgangerszone (de)	yaya bölgesi	[jaja bølgesi]

MENSEN. GEBEURTENISSEN IN HET LEVEN

Gebeurtenissen in het leven

152. Vakanties. Evenement

feest (het)	bayram	[bajram]
nationale feestdag (de)	ulusal bayram	[ulusal bajram]
feestdag (de)	bayram günü	[bajram gyny]
herdenken (ww)	onurlandırmak	[onurlandırmak]
gebeurtenis (de)	olay	[olaj]
evenement (het)	olay	[olaj]
banket (het)	ziyafet	[zijafet]
receptie (de)	kabul töreni	[kabul tøreni]
feestmaal (het)	şölen	[ʃølen]
verjaardag (de)	yıldönümü	[jıldønymy]
jubileum (het)	jübile	[ʒybile]
vieren (ww)	kutlamak	[kutlamak]
Nieuwjaar (het)	Yıl başı	[jıl baʃı]
Gelukkig Nieuwjaar!	Mutlu yıllar!	[mutlu jıllar]
Kerstfeest (het)	Noel	[noel]
Vrolijk kerstfeest!	Mutlu Noeller!	[mutlu noeller]
kerstboom (de)	Yılbaşı ağacı	[jılbaʃı aadʒı]
vuurwerk (het)	havai fişek	[havai fiʃek]
bruiloft (de)	düğün	[dyjun]
bruidegom (de)	nişanlı	[niʃanlı]
bruid (de)	gelin	[gelin]
uitnodigen (ww)	davet etmek	[davet etmek]
uitnodigingskaart (de)	davetiye	[davetije]
gast (de)	davetli	[davetli]
op bezoek gaan	ziyaret etmek	[zijaret etmek]
gasten verwelkomen	misafirleri karşılamak	[misafirleri karʃılamak]
geschenk, cadeau (het)	hediye	[hedije]
geven (iets cadeau ~)	vermek	[vermek]
geschenken ontvangen	hediye almak	[hedije almak]
boeket (het)	demet	[demet]
felicitaties (mv.)	tebrikler	[tebrikler]
feliciteren (ww)	tebrik etmek	[tebrik etmek]
wenskaart (de)	tebrik kartı	[tebrik kartı]
een kaartje versturen	tebrik kartı göndermek	[tebrik kartı gøndermek]

een kaartje ontvangen	tebrik kartı almak	[tebrik kartı almak]
toast (de)	kadeh kaldırma	[kadeh kaldırma]
aanbieden (een drankje ~)	ikram etmek	[ikram etmek]
champagne (de)	şampanya	[ʃampanja]

plezier hebben (ww)	eğlenmek	[eelenmek]
plezier (het)	neşe	[neʃe]
vreugde (de)	neşe, sevinç	[neʃe], [sevintʃ]

dans (de)	dans	[dans]
dansen (ww)	dans etmek	[dans etmek]

wals (de)	vals	[vals]
tango (de)	tango	[tango]

153. Begrafenissen. Begrafenis

kerkhof (het)	mezarlık	[mezarlık]
graf (het)	mezar	[mezar]
kruis (het)	haç	[hatʃ]
grafsteen (de)	mezar taşı	[mezar taʃı]
omheining (de)	çit	[tʃit]
kapel (de)	ibadet yeri	[ibadet jeri]

dood (de)	ölüm	[ølym]
sterven (ww)	ölmek	[ølmek]
overledene (de)	ölü	[øly]
rouw (de)	yas	[jas]

begraven (ww)	gömmek	[gømmek]
begrafenisonderneming (de)	cenaze evi	[dʒenaze evi]
begrafenis (de)	cenaze	[dʒenaze]

krans (de)	çelenk	[tʃelenk]
doodskist (de)	tabut	[tabut]
lijkwagen (de)	cenaze arabası	[dʒenaze arabası]
lijkkleed (de)	kefen	[kefen]

begrafenisstoet (de)	cenaze alayı	[dʒenaze alajı]
urn (de)	kül kabı	[kyl kabı]
crematorium (het)	krematoryum	[krematorjum]

overlijdensbericht (het)	anma yazısı	[anma jazısı]
huilen (wenen)	ağlamak	[aalamak]
snikken (huilen)	hıçkırarak ağlamak	[hıtʃkırarak aalamak]

154. Oorlog. Soldaten

peloton (het)	takım	[takım]
compagnie (de)	bölük	[bølyk]
regiment (het)	alay	[alaj]
leger (armee)	ordu	[ordu]

divisie (de)	tümen	[tymen]
sectie (de)	müfreze	[myfreze]
troep (de)	ordu	[ordu]
soldaat (militair)	asker	[asker]
officier (de)	subay	[subaj]
soldaat (rang)	er	[er]
sergeant (de)	çavuş	[ʧavuʃ]
luitenant (de)	teğmen	[teemen]
kapitein (de)	yüzbaşı	[juzbaʃı]
majoor (de)	binbaşı	[binbaʃı]
kolonel (de)	albay	[albaj]
generaal (de)	general	[general]
matroos (de)	denizci	[denizdʒi]
kapitein (de)	yüzbaşı	[juzbaʃı]
bootsman (de)	lostromo	[lostromo]
artillerist (de)	topçu askeri	[topʧu askeri]
valschermjager (de)	paraşütçü asker	[paraʃytʃy asker]
piloot (de)	pilot	[pilot]
stuurman (de)	seyrüseferci	[sejryseferdʒi]
mecanicien (de)	mekanik teknisyen	[mekanik teknisjen]
sappeur (de)	istihkam eri	[istihkam eri]
parachutist (de)	paraşütçü	[paraʃytʃy]
verkenner (de)	keşif eri	[keʃif eri]
scherpschutter (de)	keskin nişancı	[keskin niʃandʒı]
patrouille (de)	devriye	[devrije]
patrouilleren (ww)	devriye gezmek	[devrije gezmek]
wacht (de)	nöbetçi	[nøbetʃi]
krijger (de)	savaşçı	[savaʃʧı]
patriot (de)	vatansever	[vatansever]
held (de)	kahraman	[kahraman]
heldin (de)	kadın kahraman	[kadın kahraman]
verrader (de)	hain	[hain]
verraden (ww)	ihanet etmek	[ihanet etmek]
deserteur (de)	asker kaçağı	[asker kaʧaı]
deserteren (ww)	askerlikten kaçmak	[askerliktan kaʧmak]
huurling (de)	paralı asker	[paralı asker]
rekruut (de)	acemi er	[adʒemi er]
vrijwilliger (de)	gönüllü	[gønylly]
gedode (de)	ölü	[øly]
gewonde (de)	yaralı	[jaralı]
krijgsgevangene (de)	savaş esiri	[savaʃ esiri]

155. Oorlog. Militaire acties. Deel 1

oorlog (de)	savaş	[savaʃ]
oorlog voeren (ww)	savaşmak	[savaʃmak]

burgeroorlog (de)	iç savaş	[itʃ savaʃ]
achterbaks (bw)	haince	[haindʒe]
oorlogsverklaring (de)	savaş ilanı	[savaʃ ilanı]
verklaren (de oorlog ~)	ilan etmek	[ilan etmek]
agressie (de)	saldırı	[saldırı]
aanvallen (binnenvallen)	saldırmak	[saldırmak]

binnenvallen (ww)	işgal etmek	[iʃgal etmek]
invaller (de)	işgalci	[iʃgaldʒi]
veroveraar (de)	fatih	[fatih]

verdediging (de)	savunma	[savunma]
verdedigen (je land ~)	savunmak	[savunmak]
zich verdedigen (ww)	kendini savunmak	[kendini savunmak]

vijand, tegenstander (de)	düşman	[dyʃman]
vijandelijk (bn)	düşman	[dyʃman]

strategie (de)	strateji	[stratedʒi]
tactiek (de)	taktik	[taktik]

order (de)	emir	[emir]
bevel (het)	komut	[komut]
bevelen (ww)	emretmek	[emretmek]
opdracht (de)	görev	[gørev]
geheim (bn)	gizli	[gizli]

veldslag (de)	muharebe	[muharebe]
strijd (de)	savaş	[savaʃ]

aanval (de)	saldırı	[saldırı]
bestorming (de)	hücum	[hydʒum]
bestormen (ww)	hücum etmek	[hydʒum etmek]
bezetting (de)	kuşatma	[kuʃatma]

aanval (de)	taarruz	[taarruz]
in het offensief te gaan	taarruz etmek	[taarruz etmek]

terugtrekking (de)	çekilme	[tʃekilme]
zich terugtrekken (ww)	çekilmek	[tʃekilmek]

omsingeling (de)	çembere alma	[tʃembere alma]
omsingelen (ww)	çember içine almak	[tʃember itʃine almak]

bombardement (het)	bombardıman	[bombardıman]
een bom gooien	bomba atmak	[bomba atmak]
bombarderen (ww)	bombalamak	[bombalamak]
ontploffing (de)	patlama	[patlama]

schot (het)	atış	[atıʃ]
een schot lossen	atış yapmak	[atıʃ japmak]
schieten (het)	ateşleme	[ateʃleme]

mikken op (ww)	... nişan almak	[niʃan almak]
aanleggen (een wapen ~)	doğrultmak	[doorultmak]
treffen (doelwit ~)	isabet etmek	[isabet etmek]

zinken (tot zinken brengen)	batırmak	[batırmak]
kogelgat (het)	delik	[delik]
zinken (gezonken zijn)	batmak	[batmak]

front (het)	cephe	[dʒephe]
evacuatie (de)	tahliye	[tahlije]
evacueren (ww)	tahliye etmek	[tahlije etmek]

loopgraaf (de)	siper	[siper]
prikkeldraad (de)	dikenli tel	[dikenli tel]
verdedigingsobstakel (het)	bariyer	[barijer]
wachttoren (de)	kule	[kule]

hospitaal (het)	askeri hastane	[askeri hastane]
verwonden (ww)	yaralamak	[jaralamak]
wond (de)	yara	[jara]
gewonde (de)	yaralı	[jaralı]
gewond raken (ww)	yara almak	[jara almak]
ernstig (~e wond)	ciddi	[dʒiddi]

156. Wapens

wapens (mv.)	silahlar	[silahlar]
vuurwapens (mv.)	ateşli silah	[ateʃli silah]
koude wapens (mv.)	çelik kılıç	[tʃelik kılıtʃ]

chemische wapens (mv.)	kimyasal silah	[kimjasal silah]
kern-, nucleair (bn)	nükleer	[nykleer]
kernwapens (mv.)	nükleer silah	[nykleer silah]

bom (de)	bomba	[bomba]
atoombom (de)	atom bombası	[atom bombası]

pistool (het)	tabanca	[tabandʒa]
geweer (het)	tüfek	[tyfek]
machinepistool (het)	hafif makineli tüfek	[hafif makineli tyfek]
machinegeweer (het)	makineli tüfek	[makineli tyfek]

loop (schietbuis)	namlu ağzı	[namlu aazı]
loop (bijv. geweer met kortere ~)	namlu	[namlu]
kaliber (het)	çap	[tʃap]

trekker (de)	tetik	[tetik]
korrel (de)	nişangah	[niʃangah]
magazijn (het)	şarjör	[ʃarʒør]
geweerkolf (de)	dipçik	[diptʃik]

granaat (handgranaat)	el bombası	[el bombası]
explosieven (mv.)	patlayıcı	[patlajıdʒı]

kogel (de)	kurşun	[kurʃun]
patroon (de)	fişek	[fiʃek]
lading (de)	şarj	[ʃarʒ]

ammunitie (de)	cephane	[dʒephane]
bommenwerper (de)	bombardıman uçağı	[bombardıman utʃaı]
straaljager (de)	avcı uçağı	[avdʒı utʃaı]
helikopter (de)	helikopter	[helikopter]

afweergeschut (het)	uçaksavar	[utʃaksavar]
tank (de)	tank	[tank]
kanon (tank met een ~ van 76 mm)	tank topu	[tank topu]

artillerie (de)	topçu	[toptʃu]
kanon (het)	top	[top]
aanleggen (een wapen ~)	doğrultmak	[doorultmak]

projectiel (het)	mermi	[mermi]
mortiergranaat (de)	havan mermisi	[havan mermisı]
mortier (de)	havan topu	[havan topu]
granaatscherf (de)	kıymık	[kıjmık]

duikboot (de)	denizaltı	[denizaltı]
torpedo (de)	torpil	[torpil]
raket (de)	füze	[fyze]

laden (geweer, kanon)	doldurmak	[doldurmak]
schieten (ww)	ateş etmek	[ateʃ etmek]
richten op (mikken)	... nişan almak	[niʃan almak]
bajonet (de)	süngü	[syngy]

degen (de)	epe	[epe]
sabel (de)	kılıç	[kılıtʃ]
speer (de)	mızrak	[mızrak]
boog (de)	yay	[jaj]
pijl (de)	ok	[ok]
musket (de)	misket tüfeği	[misket tyfei]
kruisboog (de)	tatar yayı	[tatar jajı]

157. Oude mensen

primitief (bn)	ilkel	[ilkel]
voorhistorisch (bn)	tarih öncesi	[tarih øndʒesi]
eeuwenoude (~ beschaving)	antik, eski	[antik], [eski]

Steentijd (de)	Taş Çağı	[taʃ tʃaı]
Bronstijd (de)	Bronz Çağı	[bronz tʃaı]
IJstijd (de)	Buzul Çağı	[buzul tʃaı]

stam (de)	kabile	[kabile]
menseneter (de)	yamyam	[jam jam]
jager (de)	avcı	[avdʒı]
jagen (ww)	avlamak	[avlamak]
mammoet (de)	mamut	[mamut]

grot (de)	mağara	[maara]
vuur (het)	ateş	[ateʃ]

| kampvuur (het) | kamp ateşi | [kamp ateʃi] |
| rotstekening (de) | kaya resmi | [kaja resmi] |

werkinstrument (het)	aletler	[aletler]
speer (de)	mızrak	[mızrak]
stenen bijl (de)	taş balta	[taʃ balta]
oorlog voeren (ww)	savaşmak	[savaʃmak]
temmen (bijv. wolf ~)	evcilleştirmek	[evdʒilleʃtirmek]

idool (het)	put	[put]
aanbidden (ww)	tapmak	[tapmak]
bijgeloof (het)	batıl inanç	[batıl inantʃ]
ritueel (het)	[töre]	[tøre]

evolutie (de)	evrim	[evrim]
ontwikkeling (de)	gelişme	[geliʃme]
verdwijning (de)	kaybolma, yok olma	[kajbolma], [jok olma]
zich aanpassen (ww)	adapte olmak	[adapte olmak]

archeologie (de)	arkeoloji	[arkeoloʒi]
archeoloog (de)	arkeolog	[arkeolog]
archeologisch (bn)	arkeolojik	[arkeoloʒik]

opgravingsplaats (de)	kazı yeri	[kazı jeri]
opgravingen (mv.)	kazı	[kazı]
vondst (de)	buluntu	[buluntu]
fragment (het)	parça	[partʃa]

158. Middeleeuwen

volk (het)	millet, halk	[millet], [halk]
volkeren (mv.)	milletler	[milletler]
stam (de)	kabile	[kabile]
stammen (mv.)	kabileler	[kabileler]

barbaren (mv.)	barbarlar	[barbarlar]
Galliërs (mv.)	Galyalılar	[galjalılar]
Goten (mv.)	Gotlar	[gotlar]
Slaven (mv.)	Slavlar	[slavlar]
Vikings (mv.)	Vikingler	[vikingler]

| Romeinen (mv.) | Romalılar | [romalılar] |
| Romeins (bn) | Romen | [romen] |

Byzantijnen (mv.)	Bizanslılar	[bizanslılar]
Byzantium (het)	Bizans	[bizans]
Byzantijns (bn)	Bizanslı	[bizanslı]

keizer (bijv. Romeinse ~)	imparator	[imparator]
opperhoofd (het)	lider	[lider]
machtig (bn)	kudretli	[kudretli]
koning (de)	kral	[kral]
heerser (de)	ülkenin yöneticisi	[ylkenin jønetidʒisi]
ridder (de)	şövalye	[ʃøvalje]

feodaal (de)	derebeyi	[derebeji]
feodaal (bn)	feodal	[feodal]
vazal (de)	vasal	[vasal]
hertog (de)	dük	[dyk]
graaf (de)	kont	[kont]
baron (de)	baron	[baron]
bisschop (de)	piskopos	[piskopos]

harnas (het)	zırh	[zırh]
schild (het)	kalkan	[kalkan]
zwaard (het)	kılıç	[kılıtʃ]
vizier (het)	vizör	[vizør]
maliënkolder (de)	zincir zırh	[zindʒir zırh]

kruistocht (de)	haçlı seferi	[hatʃlı seferi]
kruisvaarder (de)	haçlı	[hatʃlı]

gebied (bijv. bezette ~en)	toprak	[toprak]
aanvallen (binnenvallen)	saldırmak	[saldırmak]
veroveren (ww)	fethetmek	[fethetmek]
innemen (binnenvallen)	işgal etmek	[iʃgal etmek]
bezetting (de)	kuşatma	[kuʃatma]
belegerd (bn)	kuşatılmış	[kuʃatılmıʃ]
belegeren (ww)	kuşatmak	[kuʃatmak]

inquisitie (de)	engizisyon	[engizisjon]
inquisiteur (de)	engizisyon mahkemesi üyesi	[engizisjon mahkemesi jujesi]
foltering (de)	işkence	[iʃkendʒe]
wreed (bn)	amansız	[amansız]
ketter (de)	kafir	[kafir]
ketterij (de)	sapkınlık	[sapkınlık]

zeevaart (de)	denizcilik	[denizdʒilik]
piraat (de)	korsan	[korsan]
piraterij (de)	korsanlık	[korsanlık]
enteren (het)	mürettebatın yerini alması	[myrettebatın jerini alması]
buit (de)	ganimet	[ganimet]
schatten (mv.)	hazine	[hazine]

ontdekking (de)	keşif	[keʃif]
ontdekken (bijv. nieuw land)	keşfetmek	[keʃfetmek]
expeditie (de)	bilimsel gezisi	[bilimzel gezisi]

musketier (de)	silahşor	[silahʃor]
kardinaal (de)	kardinal	[kardinal]
heraldiek (de)	armacılık	[armadʒılık]
heraldisch (bn)	hanedan armasına ait	[hanedan armasına ait]

159. Leider. Baas. Autoriteiten

koning (de)	kral	[kral]
koningin (de)	kraliçe	[kralitʃe]

| koninklijk (bn) | kraliyet | [kralijet] |
| koninkrijk (het) | krallık | [krallık] |

| prins (de) | prens | [prens] |
| prinses (de) | prenses | [prenses] |

president (de)	başkan	[baʃkan]
vicepresident (de)	ikinci başkan	[ikindʒi baʃkan]
senator (de)	senatör	[senatør]

monarch (de)	hükümdar	[hykymdar]
heerser (de)	ülkenin yöneticisi	[ylkenin jønetidʒisi]
dictator (de)	diktatör	[diktatør]
tiran (de)	tiran	[tiran]
magnaat (de)	magnat	[magnat]

directeur (de)	müdür	[mydyr]
chef (de)	şef	[ʃef]
beheerder (de)	yönetici	[jønetidʒi]
baas (de)	patron	[patron]
eigenaar (de)	sahip	[sahip]

leider (de)	lider	[lider]
hoofd	başkan	[baʃkan]
(bijv. ~ van de delegatie)		
autoriteiten (mv.)	yetkililer	[jetkililer]
superieuren (mv.)	şefler	[ʃefler]

gouverneur (de)	vali	[vali]
consul (de)	konsolos	[konsolos]
diplomaat (de)	diplomat	[diplomat]
burgemeester (de)	belediye başkanı	[beledije baʃkanı]
sheriff (de)	şerif	[ʃerif]

keizer (bijv. Romeinse ~)	imparator	[imparator]
tsaar (de)	çar	[tʃar]
farao (de)	firavun	[firavun]
kan (de)	han	[han]

160. De wet overtreden. Criminelen. Deel 1

bandiet (de)	haydut	[hajdut]
misdaad (de)	suç	[sutʃ]
misdadiger (de)	suçlu	[sutʃlu]

dief (de)	hırsız	[hırsız]
stelen (ww)	hırsızlık yapmak	[hırsızlık japmak]
stelen (de)	hırsızlık	[hırsızlık]
diefstal (de)	çalma, soyma	[tʃalma], [sojma]

kidnappen (ww)	kaçırmak	[katʃırmak]
kidnapping (de)	adam kaçırma	[adam katʃırma]
kidnapper (de)	adam kaçıran	[adam katʃıran]
losgeld (het)	fidye	[fidje]

eisen losgeld (ww)	fidye istemek	[fidje istemek]
overvallen (ww)	soymak	[sojmak]
overval (de)	silahlı soygun	[silahlı sojgun]
overvaller (de)	soyguncu	[sojgundʒu]
afpersen (ww)	şantaj yapmak	[ʃantaʒ japmak]
afperser (de)	şantajcı	[ʃantaʒdʒɪ]
afpersing (de)	şantaj	[ʃantaʒ]
vermoorden (ww)	öldürmek	[øldyrmek]
moord (de)	öldürme	[øldyrme]
moordenaar (de)	katil	[katil]
schot (het)	atış	[atıʃ]
een schot lossen	atış yapmak	[atıʃ japmak]
neerschieten (ww)	vurmak	[vurmak]
schieten (ww)	ateş etmek	[ateʃ etmek]
schieten (het)	ateş etme	[ateʃ etme]
ongeluk (gevecht, enz.)	olay	[olaj]
gevecht (het)	kavga	[kavga]
Help!	İmdat!	[imdat]
slachtoffer (het)	kurban	[kurban]
beschadigen (ww)	zarar vermek	[zarar vermek]
schade (de)	zarar	[zarar]
lijk (het)	ceset	[dʒeset]
zwaar (~ misdrijf)	ağır	[aır]
aanvallen (ww)	saldırmak	[saldırmak]
slaan (iemand ~)	vurmak	[vurmak]
in elkaar slaan (toetakelen)	dövmek	[døvmek]
ontnemen (beroven)	zorla almak	[zorla almak]
steken (met een mes)	bıçakla öldürmek	[bıtʃakla øldyrmek]
verminken (ww)	sakatlamak	[sakatlamak]
verwonden (ww)	yaralamak	[jaralamak]
chantage (de)	şantaj	[ʃantaʒ]
chanteren (ww)	şantaj yapmak	[ʃantaʒ japmak]
chanteur (de)	şantajcı	[ʃantaʒdʒɪ]
afpersing (de)	haraç	[haratʃ]
afperser (de)	haraççı	[haratʃı]
gangster (de)	gangster	[gangster]
maffia (de)	mafya	[mafja]
kruimeldief (de)	yankesici	[jankesidʒi]
inbreker (de)	hırsız	[hırsız]
smokkelen (het)	kaçakçılık	[katʃaktʃılık]
smokkelaar (de)	kaçakçı	[katʃaktʃı]
namaak (de)	taklit	[taklit]
namaken (ww)	taklit etmek	[taklit etmek]
namaak-, vals (bn)	sahte	[sahte]

161. De wet overtreden. Criminelen. Deel 2

verkrachting (de)	ırza geçme	[ırza getʃme]
verkrachten (ww)	ırzına geçmek	[ırzına getʃmek]
verkrachter (de)	zorba	[zorba]
maniak (de)	manyak	[manjak]
prostituee (de)	hayat kadını	[hajat kadını]
prostitutie (de)	hayat kadınlığı	[hajat kadınlı:ı]
pooier (de)	kadın tüccarı	[kadın tydʒarı]
drugsverslaafde (de)	uyuşturucu bağımlısı	[ujuʃturudʒu baımlısı]
drugshandelaar (de)	uyuşturucu taciri	[ujuʃturudʒu tadʒiri]
opblazen (ww)	patlatmak	[patlamak]
explosie (de)	patlama	[patlama]
in brand steken (ww)	yangın çıkarmak	[jangın tʃıkarmak]
brandstichter (de)	kundakçı	[kundaktʃı]
terrorisme (het)	terörizm	[terørizm]
terrorist (de)	terörist	[terørist]
gijzelaar (de)	tutak, rehine	[tutak], [rehine]
bedriegen (ww)	dolandırmak	[dolandırmak]
bedrog (het)	dolandırma	[dolandırma]
oplichter (de)	dolandırıcı	[dolandırıdʒı]
omkopen (ww)	rüşvet vermek	[ryʃvet vermek]
omkoperij (de)	rüşvet verme	[ryʃvet verme]
smeergeld (het)	rüşvet	[ryʃvet]
vergif (het)	zehir	[zehir]
vergiftigen (ww)	zehirlemek	[zehirlemek]
vergif innemen (ww)	birisini zehirlemek	[birisini zehirlemek]
zelfmoord (de)	intihar	[intihar]
zelfmoordenaar (de)	intihar eden kimse	[intihar eden kimse]
bedreigen	tehdit etmek	[tehdit etmek]
(bijv. met een pistool)		
bedreiging (de)	tehdit	[tehdit]
een aanslag plegen	öldürmeye çalışmak	[øldyrmeje tʃalıʃmak]
aanslag (de)	suikast	[suitkast]
stelen (een auto)	çalmak	[tʃalmak]
kapen (een vliegtuig)	kaçırmak	[katʃırmak]
wraak (de)	intikam	[intikam]
wreken (ww)	intikam almak	[intikam almak]
martelen (gevangenen)	işkence etmek	[iʃkendʒe etmek]
foltering (de)	işkence	[iʃkendʒe]
folteren (ww)	acı çektirmek	[adʒı tʃektirmek]
piraat (de)	korsan	[korsan]
straatschender (de)	holigan	[holigan]

gewapend (bn)	silahlı	[silahlı]
geweld (het)	şiddet olayları	[ʃiddet olajarı]
onwettig (strafbaar)	yasadışı	[jasadıʃı]

spionage (de)	casusluk	[ʤasusluk]
spioneren (ww)	casusluk yapmak	[ʤasusluk japmak]

162. Politie. Wet. Deel 1

justitie (de)	adalet	[adalet]
gerechtshof (het)	mahkeme	[mahkeme]

rechter (de)	yargıç	[jargıtʃ]
jury (de)	jüri üyesi	[ʒyri jujesi]
juryrechtspraak (de)	jürili yargılama	[ʒyrili jargılama]
berechten (ww)	yargılamak	[jargılamak]

advocaat (de)	avukat	[avukat]
beklaagde (de)	sanık	[sanık]
beklaagdenbank (de)	sanık sandalyesi	[sanık sandaljesi]

beschuldiging (de)	suçlama	[sutʃlama]
beschuldigde (de)	sanık	[sanık]

vonnis (het)	ceza, hüküm	[ʤeza], [hykym]
veroordelen	mahkum etmek	[mahkym etmek]
(in een rechtszaak)		

schuldige (de)	suçlu	[sutʃlu]
straffen (ww)	cezalandırmak	[ʤezalandırmak]
bestraffing (de)	ceza	[ʤeza]

boete (de)	ceza	[ʤeza]
levenslange opsluiting (de)	ömür boyu hapis	[ømyr boju hapis]
doodstraf (de)	ölüm cezası	[ølym ʤezası]
elektrische stoel (de)	elektrikli sandalye	[elektrikli sandalje]
schavot (het)	darağacı	[daraadʒı]

executeren (ww)	idam etmek	[idam etmek]
executie (de)	idam	[idam]

gevangenis (de)	hapishane	[hapishane]
cel (de)	hücre, koğuş	[hydʒre], [kouʃ]

konvooi (het)	muhafız takımı	[muhafız takımı]
gevangenisbewaker (de)	gardiyan	[gardijan]
gedetineerde (de)	tutuklu	[tutuklu]

handboeien (mv.)	kelepçe	[keleptʃe]
handboeien omdoen	kelepçelemek	[keleptʃelemek]

ontsnapping (de)	kaçma	[katʃma]
ontsnappen (ww)	kaçmak	[katʃmak]
verdwijnen (ww)	kaybolmak	[kajbolmak]

vrijlaten (uit de gevangenis)	tahliye etmek	[tahlije etmek]
amnestie (de)	af	[af]

politie (de)	polis	[polis]
politieagent (de)	erkek polis	[erkek polis]
politiebureau (het)	polis karakolu	[polis karakolu]
knuppel (de)	cop	[dʒop]
megafoon (de)	megafon	[megafon]

patrouilleerwagen (de)	devriye arabası	[devrije arabası]
sirene (de)	siren	[siren]
de sirene aansteken	sireni açmak	[sireni atʃmak]
geloei (het) van de sirene	siren sesi	[siren sesi]

plaats delict (de)	olay yeri	[olaj jeri]
getuige (de)	şahit	[ʃahit]
vrijheid (de)	hürriyet	[hyrrijet]
handlanger (de)	suç ortağı	[sutʃ ortaı]
ontvluchten (ww)	kaçmak	[katʃmak]
spoor (het)	iz	[iz]

163. Politie. Wet. Deel 2

opsporing (de)	arama	[arama]
opsporen (ww)	aramak	[aramak]
verdenking (de)	şüphe	[ʃyphe]
verdacht (bn)	şüpheli	[ʃypheli]
aanhouden (stoppen)	durdurmak	[durdurmak]
tegenhouden (ww)	tutuklamak	[tutuklamak]

strafzaak (de)	dava	[dava]
onderzoek (het)	soruşturma	[soruʃturma]
detective (de)	dedektif	[dedektif]
onderzoeksrechter (de)	sorgu yargıcı	[sorgu jargıdʒı]
versie (de)	versiyon	[versjon]

motief (het)	gerekçe	[gerektʃe]
verhoor (het)	sorgu	[sorgu]
ondervragen (door de politie)	sorgulamak	[sorgulamak]
ondervragen (omstanders ~)	soruşturmak	[soruʃturmak]
controle (de)	yoklama	[joklama]

razzia (de)	tarama	[tarama]
huiszoeking (de)	arama	[arama]
achtervolging (de)	kovalama	[kovalama]
achtervolgen (ww)	takip etmek	[takip etmek]
opsporen (ww)	izlemek	[izlemek]

arrest (het)	tutuklama	[tutuklama]
arresteren (ww)	tutuklamak	[tutuklamak]
vangen, aanhouden (een dief, enz.)	yakalamak	[jakalamak]
aanhouding (de)	yakalama	[jakalama]
document (het)	belge	[belge]

bewijs (het)	kanıt, ispat	[kanıt], [ispat]
bewijzen (ww)	ispat etmek	[ispat etmek]
voetspoor (het)	ayak izi	[ajak izı]
vingerafdrukken (mv.)	parmak izleri	[parmak izleri]
bewijs (het)	delil	[delil]

alibi (het)	mazeret	[mazeret]
onschuldig (bn)	suçsuz	[sutʃsuz]
onrecht (het)	haksızlık	[haksızlık]
onrechtvaardig (bn)	haksız	[haksız]

crimineel (bn)	cinayet	[dʒinajet]
confisqueren	el koymak	[el kojmak]
(in beslag nemen)		
drug (de)	uyuşturucu	[ujuʃturudʒu]
wapen (het)	silah	[silah]
ontwapenen (ww)	silahsızlandırmak	[silah sızlandırmak]
bevelen (ww)	emretmek	[emretmek]
verdwijnen (ww)	kaybolmak	[kajbolmak]

wet (de)	kanun	[kanun]
wettelijk (bn)	kanuni	[kanuni]
onwettelijk (bn)	kanuna aykırı	[kanuna ajkırı]

| verantwoordelijkheid (de) | sorumluluk | [sorumluluk] |
| verantwoordelijk (bn) | sorumlu | [sorumlu] |

NATUUR

De Aarde. Deel 1

164. De kosmische ruimte

kosmos (de)	uzay, evren	[uzaj], [evren]
kosmisch (bn)	uzay	[uzaj]
kosmische ruimte (de)	feza	[feza]
heelal (het)	evren	[evren]
sterrenstelsel (het)	galaksi	[galaksi]
ster (de)	yıldız	[jıldız]
sterrenbeeld (het)	takımyıldız	[takımjıldız]
planeet (de)	gezegen	[gezegen]
satelliet (de)	uydu	[ujdu]
meteoriet (de)	göktaşı	[gøktaʃı]
komeet (de)	kuyruklu yıldız	[kujruklu jıldız]
asteroïde (de)	asteroit	[asteroit]
baan (de)	yörünge	[jørynge]
draaien (om de zon, enz.)	dönmek	[dønmek]
atmosfeer (de)	atmosfer	[atmosfer]
Zon (de)	Güneş	[gyneʃ]
zonnestelsel (het)	Güneş sistemi	[gyneʃ sistemi]
zonsverduistering (de)	Güneş tutulması	[gyneʃ tutulması]
Aarde (de)	Dünya	[dynja]
Maan (de)	Ay	[aj]
Mars (de)	Mars	[mars]
Venus (de)	Venüs	[venys]
Jupiter (de)	Jüpiter	[ʒupiter]
Saturnus (de)	Satürn	[satyrn]
Mercurius (de)	Merkür	[merkyr]
Uranus (de)	Uranüs	[uranys]
Neptunus (de)	Neptün	[neptyn]
Pluto (de)	Plüton	[plyton]
Melkweg (de)	Samanyolu	[samanjolu]
Grote Beer (de)	Büyükayı	[byjuk ajı]
Poolster (de)	Kutup yıldızı	[kutup jıldızı]
marsmannetje (het)	Merihli	[merihli]
buitenaards wezen (het)	uzaylı	[uzajlı]

bovenaards (het)	uzaylı	[uzajlı]
vliegende schotel (de)	uçan daire	[utʃan daire]

ruimtevaartuig (het)	uzay gemisi	[uzaj gemisi]
ruimtestation (het)	yörünge istasyonu	[jørynge istasjonu]
start (de)	uzaya fırlatma	[uzaja fırlatma]

motor (de)	motor	[motor]
straalpijp (de)	roket meme	[roket meme]
brandstof (de)	yakıt	[jakıt]

cabine (de)	kabin	[kabin]
antenne (de)	anten	[anten]
patrijspoort (de)	lombar	[lombar]
zonnebatterij (de)	güneş pili	[gyneʃ pili]
ruimtepak (het)	uzay elbisesi	[uzaj elbisesi]

gewichtloosheid (de)	ağırlıksızlık	[aırlıksızlık]
zuurstof (de)	oksijen	[oksiʒen]

koppeling (de)	uzayda kenetlenme	[uzajda kenetlenme]
koppeling maken	kenetlenmek	[kenetlenmek]

observatorium (het)	gözlemevi	[gøzlemevi]
telescoop (de)	teleskop	[teleskop]
waarnemen (ww)	gözlemlemek	[gøzlemlemek]
exploreren (ww)	araştırmak	[araʃtırmak]

165. De Aarde

Aarde (de)	Dünya	[dynja]
aardbol (de)	yerküre	[jerkyre]
planeet (de)	gezegen	[gezegen]

atmosfeer (de)	atmosfer	[atmosfer]
aardrijkskunde (de)	coğrafya	[dʒoorafja]
natuur (de)	doğa	[doa]

wereldbol (de)	yerküre	[jerkyre]
kaart (de)	harita	[harita]
atlas (de)	atlas	[atlas]

Europa (het)	Avrupa	[avrupa]
Azië (het)	Asya	[asja]

Afrika (het)	Afrika	[afrika]
Australië (het)	Avustralya	[avustralja]

Amerika (het)	Amerika	[amerika]
Noord-Amerika (het)	Kuzey Amerika	[kuzej amerika]
Zuid-Amerika (het)	Güney Amerika	[gynej amerika]

Antarctica (het)	Antarktik	[antarktik]
Arctis (de)	Arktik	[arktik]

166. Windrichtingen

noorden (het)	kuzey	[kuzej]
naar het noorden	kuzeye	[kuzeje]
in het noorden	kuzeyde	[kuzejde]
noordelijk (bn)	kuzey	[kuzej]
zuiden (het)	güney	[gynej]
naar het zuiden	güneye	[gyneje]
in het zuiden	güneyde	[gynejde]
zuidelijk (bn)	güney	[gynej]
westen (het)	batı	[batı]
naar het westen	batıya	[batıja]
in het westen	batıda	[batıda]
westelijk (bn)	batı	[batı]
oosten (het)	doğu	[dou]
naar het oosten	doğuya	[douja]
in het oosten	doğuda	[douda]
oostelijk (bn)	doğu	[dou]

167. Zee. Oceaan

zee (de)	deniz	[deniz]
oceaan (de)	okyanus	[okjanus]
golf (baai)	körfez	[kørfez]
straat (de)	boğaz	[boaz]
continent (het)	kıta	[kıta]
eiland (het)	ada	[ada]
schiereiland (het)	yarımada	[jarımada]
archipel (de)	takımada	[takımada]
baai, bocht (de)	koy	[koj]
haven (de)	liman	[liman]
lagune (de)	deniz kulağı	[deniz kulaı]
kaap (de)	burun	[burun]
atol (de)	atol	[atol]
rif (het)	resif	[resif]
koraal (het)	mercan	[merdʒan]
koraalrif (het)	mercan kayalığı	[merdʒan kajalı:ı]
diep (bn)	derin	[derin]
diepte (de)	derinlik	[derinlik]
diepzee (de)	uçurum	[utʃurum]
trog (bijv. Marianentrog)	çukur	[tʃukur]
stroming (de)	akıntı	[akıntı]
omspoelen (ww)	çevrelemek	[tʃevrelemek]
oever (de)	kıyı	[kıjı]
kust (de)	kıyı, sahil	[kıjı], [sahil]

vloed (de)	kabarma	[kabarma]
eb (de)	cezir	[dʒezir]
ondiepte (ondiep water)	sığlık	[sɪːɪlɪk]
bodem (de)	dip	[dip]

golf (hoge ~)	dalga	[dalga]
golfkam (de)	dağ sırtı	[daa sırtı]
schuim (het)	köpük	[køpyk]

storm (de)	fırtına	[fırtına]
orkaan (de)	kasırga	[kasırga]
tsunami (de)	tsunami	[tsunami]
windstilte (de)	limanlık	[limanlık]
kalm (bijv. ~e zee)	sakin	[sakin]

| pool (de) | kutup | [kutup] |
| polair (bn) | kutuplu | [kutuplu] |

breedtegraad (de)	enlem	[enlem]
lengtegraad (de)	boylam	[bojlam]
parallel (de)	paralel	[paralel]
evenaar (de)	ekvator	[ekvator]

hemel (de)	gök	[gøk]
horizon (de)	ufuk	[ufuk]
lucht (de)	hava	[hava]

vuurtoren (de)	deniz feneri	[deniz feneri]
duiken (ww)	dalmak	[dalmak]
zinken (ov. een boot)	batmak	[batmak]
schatten (mv.)	hazine	[hazine]

168. Bergen

berg (de)	dağ	[daa]
bergketen (de)	dağ silsilesi	[daa silsilesi]
gebergte (het)	sıradağlar	[sıradaalar]

bergtop (de)	zirve	[zirve]
bergpiek (de)	doruk, zirve	[doruk], [zirve]
voet (ov. de berg)	etek	[etek]
helling (de)	yamaç	[jamatʃ]

vulkaan (de)	yanardağ	[janardaa]
actieve vulkaan (de)	faal yanardağ	[faal janardaa]
uitgedoofde vulkaan (de)	sönmüş yanardağ	[sønmyʃ janardaa]

uitbarsting (de)	püskürme	[pyskyrme]
krater (de)	yanardağ ağzı	[janardaa aazı]
magma (het)	magma	[magma]
lava (de)	lav	[lav]
gloeiend (~e lava)	kızgın	[kızgın]
kloof (canyon)	kanyon	[kanjon]
bergkloof (de)	boğaz	[boaz]

| spleet (de) | dere | [dere] |
| afgrond (de) | uçurum | [utʃurum] |

bergpas (de)	dağ geçidi	[daa getʃidi]
plateau (het)	yayla	[jajla]
klip (de)	kaya	[kaja]
heuvel (de)	tepe	[tepe]

gletsjer (de)	buzluk	[buzluk]
waterval (de)	şelâle	[ʃelale]
geiser (de)	gayzer	[gajzer]
meer (het)	göl	[gøl]

vlakte (de)	ova	[ova]
landschap (het)	manzara	[manzara]
echo (de)	yankı	[jankı]

alpinist (de)	dağcı, alpinist	[daadʒı], [alpinist]
bergbeklimmer (de)	dağcı	[daadʒı]
trotseren (berg ~)	fethetmek	[fethetmek]
beklimming (de)	tırmanma	[tırmanma]

169. Rivieren

rivier (de)	nehir, ırmak	[nehir], [ırmak]
bron (~ van een rivier)	kaynak	[kajnak]
rivierbedding (de)	nehir yatağı	[nehir jataı]
rivierbekken (het)	havza	[havza]
uitmonden in ...	... dökülmek	[døkylmek]

| zijrivier (de) | kol | [kol] |
| oever (de) | sahil | [sahil] |

stroming (de)	akıntı	[akıntı]
stroomafwaarts (bw)	nehir boyunca	[nehir bojundʒa]
stroomopwaarts (bw)	nehirden yukarı	[nehirden jukarı]

overstroming (de)	taşkın	[taʃkın]
overstroming (de)	nehrin taşması	[nehrin taʃması]
buiten zijn oevers treden	taşmak	[taʃmak]
overstromen (ww)	su basmak	[su basmak]

| zandbank (de) | sığlık | [sı:ılık] |
| stroomversnelling (de) | nehrin akıntılı yeri | [nehrin akıntılı jeri] |

dam (de)	baraj	[baraʒ]
kanaal (het)	kanal	[kanal]
spaarbekken (het)	baraj gölü	[baraʒ gøly]
sluis (de)	alavere havuzu	[alavere havuzu]

waterlichaam (het)	su birikintisi	[su birikintisi]
moeras (het)	bataklık	[bataklık]
broek (het)	bataklık arazi	[bataklık arazi]
draaikolk (de)	girdap	[girdap]

stroom (de)	dere	[dere]
drink- (abn)	içilir	[itʃilir]
zoet (~ water)	tatlı	[tatlı]

ijs (het)	buz	[buz]
bevriezen (rivier, enz.)	buz tutmak	[buz tutmak]

170. Bos

bos (het)	orman	[orman]
bos- (abn)	orman	[orman]

oerwoud (dicht bos)	kesif orman	[kesif orman]
bosje (klein bos)	koru, ağaçlık	[koru], [aatʃlık]
open plek (de)	ormanda açıklığı	[ormanda atʃıklıːı]

struikgewas (het)	sık ağaçlık	[ʃık aatʃlık]
struiken (mv.)	çalılık	[tʃalılık]

paadje (het)	keçi yolu	[ketʃi jolu]
ravijn (het)	sel yatağı	[sel jataı]

boom (de)	ağaç	[aatʃ]
blad (het)	yaprak	[japrak]
gebladerte (het)	yapraklar	[japraklar]

vallende bladeren (mv.)	yaprak dökümü	[japrak døkymy]
vallen (ov. de bladeren)	dökülmek	[døkylmek]
boomtop (de)	ağacın tepesi	[aadʒın tepesi]

tak (de)	dal	[dal]
ent (de)	ağaç dalı	[aatʃ dalı]
knop (de)	tomurcuk	[tomurdʒuk]
naald (de)	iğne yaprak	[iːine japrak]
dennenappel (de)	kozalak	[kozalak]

boom holte (de)	kovuk	[kovuk]
nest (het)	yuva	[juva]
hol (het)	in	[in]

stam (de)	gövde	[gøvde]
wortel (bijv. boom~s)	kök	[køk]
schors (de)	kabuk	[kabuk]
mos (het)	yosun	[josun]

ontwortelen (een boom)	kökünden sökmek	[køkynden søkmek]
kappen (een boom ~)	kesmek	[kesmek]
ontbossen (ww)	ağaçları yok etmek	[aatʃları jok etmek]
stronk (de)	kütük	[kytyk]

kampvuur (het)	kamp ateşi	[kamp ateʃi]
bosbrand (de)	yangın	[jangın]
blussen (ww)	söndürmek	[søndyrmek]
boswachter (de)	orman bekçisi	[orman bektʃisi]

bescherming (de)	koruma	[koruma]
beschermen	korumak	[korumak]
(bijv. de natuur ~)		
stroper (de)	kaçak avcı	[katʃak avdʒı]
val (de)	kapan	[kapan]

plukken (vruchten, enz.)	toplamak	[toplamak]
verdwalen (de weg kwijt zijn)	yolunu kaybetmek	[jolunu kajbetmek]

171. Natuurlijke hulpbronnen

natuurlijke rijkdommen (mv.)	doğal kaynaklar	[doal kajnaklar]
delfstoffen (mv.)	madensel maddeler	[madensel maddeler]
lagen (mv.)	katman	[katman]
veld (bijv. olie~)	yatak	[jatak]

winnen (uit erts ~)	çıkarmak	[ʧıkarmak]
winning (de)	maden çıkarma	[maden ʧıkarma]
erts (het)	filiz	[filiz]
mijn (bijv. kolenmijn)	maden ocağı	[maden odʒaı]
mijnschacht (de)	kuyu	[kuju]
mijnwerker (de)	maden işçisi	[maden iʃʧisi]

gas (het)	gaz	[gaz]
gasleiding (de)	gaz boru hattı	[gaz boru hattı]

olie (aardolie)	petrol	[petrol]
olieleiding (de)	petrol boru hattı	[petrol boru hattı]
oliebron (de)	petrol kulesi	[petrol kulesi]
boortoren (de)	sondaj kulesi	[sondaʒ kulesi]
tanker (de)	tanker	[tanker]

zand (het)	kum	[kum]
kalksteen (de)	kireçtaşı	[kireʧtaʃı]
grind (het)	çakıl	[ʧakılı]
veen (het)	turba	[turba]
klei (de)	kil	[kil]
steenkool (de)	kömür	[kømyr]

ijzer (het)	demir	[demir]
goud (het)	altın	[altın]
zilver (het)	gümüş	[gymyʃ]
nikkel (het)	nikel	[nikel]
koper (het)	bakır	[bakır]

zink (het)	çinko	[ʧinko]
mangaan (het)	manganez	[manganez]
kwik (het)	cıva	[dʒıva]
lood (het)	kurşun	[kurʃun]

mineraal (het)	mineral	[mineral]
kristal (het)	billur	[billyr]
marmer (het)	mermer	[mermer]
uraan (het)	uranyum	[uranjum]

De Aarde. Deel 2

172. Weer

weer (het)	hava	[hava]
weersvoorspelling (de)	hava tahmini	[hava tahmini]
temperatuur (de)	sıcaklık	[sɪdʒaklɪk]
thermometer (de)	termometre	[termometre]
barometer (de)	barometre	[barometre]
vochtig (bn)	nemli	[nemli]
vochtigheid (de)	nem	[nem]
hitte (de)	sıcaklık	[sɪdʒaklɪk]
heet (bn)	sıcak	[sɪdʒak]
het is heet	hava sıcak	[hava sɪdʒak]
het is warm	hava ılık	[hava ılık]
warm (bn)	ılık	[ılık]
het is koud	hava soğuk	[hava souk]
koud (bn)	soğuk	[souk]
zon (de)	güneş	[gyneʃ]
schijnen (de zon)	ışık vermek	[ıʃık vermek]
zonnig (~e dag)	güneşli	[gyneʃli]
opgaan (ov. de zon)	doğmak	[doomak]
ondergaan (ww)	batmak	[batmak]
wolk (de)	bulut	[bulut]
bewolkt (bn)	bulutlu	[bulutlu]
regenwolk (de)	yağmur bulutu	[jaamur bulutu]
somber (bn)	kapalı	[kapalı]
regen (de)	yağmur	[jaamur]
het regent	yağmur yağıyor	[jaamur jaɪjor]
regenachtig (bn)	yağmurlu	[jaamurlu]
motregenen (ww)	çiselemek	[tʃiselemek]
plensbui (de)	sağanak	[saanak]
stortbui (de)	şiddetli yağmur	[ʃiddetli jaamur]
hard (bn)	şiddetli, zorlu	[ʃiddetli], [zorlu]
plas (de)	su birikintisi	[su birikintisi]
nat worden (ww)	ıslanmak	[ıslanmak]
mist (de)	sis, duman	[sis], [duman]
mistig (bn)	sisli	[sisli]
sneeuw (de)	kar	[kar]
het sneeuwt	kar yağıyor	[kar jaɪjor]

173. Zwaar weer. Natuurrampen

noodweer (storm)	fırtına	[fırtına]
bliksem (de)	şimşek	[ʃimʃek]
flitsen (ww)	çakmak	[ʧakmak]
donder (de)	gök gürültüsü	[gøk gyryltysy]
donderen (ww)	gürlemek	[gyrlemek]
het dondert	gök gürlüyor	[gøk gyrlyjor]
hagel (de)	dolu	[dolu]
het hagelt	dolu yağıyor	[dolu jaıjor]
overstromen (ww)	su basmak	[su basmak]
overstroming (de)	taşkın	[taʃkın]
aardbeving (de)	deprem	[deprem]
aardschok (de)	sarsıntı	[sarsıntı]
epicentrum (het)	deprem merkezi	[deprem merkezi]
uitbarsting (de)	püskürme	[pyskyrme]
lava (de)	lav	[lav]
wervelwind (de)	hortum	[hortum]
windhoos (de)	kasırga	[kasırga]
tyfoon (de)	tayfun	[tajfun]
orkaan (de)	kasırga	[kasırga]
storm (de)	fırtına	[fırtına]
tsunami (de)	tsunami	[tsunami]
cycloon (de)	siklon	[siklon]
onweer (het)	kötü hava	[køty hava]
brand (de)	yangın	[jangın]
ramp (de)	felaket	[felaket]
meteoriet (de)	göktaşı	[gøktaʃı]
lawine (de)	çığ	[ʧıːı]
sneeuwverschuiving (de)	çığ	[ʧıːı]
sneeuwjacht (de)	tipi	[tipi]
sneeuwstorm (de)	kar fırtınası	[kar fırtınası]

Fauna

174. Zoogdieren. Roofdieren

roofdier (het)	yırtıcı hayvan	[jɪrtɪdʒɪ hajvan]
tijger (de)	kaplan	[kaplan]
leeuw (de)	aslan	[aslan]
wolf (de)	kurt	[kurt]
vos (de)	tilki	[tilki]
jaguar (de)	jagar, jaguar	[ʒagar]
luipaard (de)	leopar	[leopar]
jachtluipaard (de)	çita	[tʃita]
panter (de)	panter	[panter]
poema (de)	puma	[puma]
sneeuwluipaard (de)	kar leoparı	[kar leoparɪ]
lynx (de)	vaşak	[vaʃak]
coyote (de)	kır kurdu	[kɪr kurdu]
jakhals (de)	çakal	[tʃakal]
hyena (de)	sırtlan	[sɪrtlan]

175. Wilde dieren

dier (het)	hayvan	[hajvan]
beest (het)	vahşi hayvan	[vahʃi hajvan]
eekhoorn (de)	sincap	[sindʒap]
egel (de)	kirpi	[kirpi]
haas (de)	yabani tavşan	[jabani tavʃan]
konijn (het)	tavşan	[tavʃan]
das (de)	porsuk	[porsuk]
wasbeer (de)	rakun	[rakun]
hamster (de)	cırlak sıçan	[dʒirlak sɪtʃan]
marmot (de)	dağ sıçanı	[daa sɪtʃanɪ]
mol (de)	köstebek	[køstebek]
muis (de)	fare	[fare]
rat (de)	sıçan	[sɪtʃan]
vleermuis (de)	yarasa	[jarasa]
hermelijn (de)	kakım	[kakım]
sabeldier (het)	samur	[samur]
marter (de)	ağaç sansarı	[aatʃ sansarɪ]
wezel (de)	gelincik	[gelindʒik]
nerts (de)	vizon	[vizon]

| bever (de) | kunduz | [kunduz] |
| otter (de) | su samuru | [su samuru] |

paard (het)	at	[at]
eland (de)	Avrupa musu	[avrupa musu]
hert (het)	geyik	[gejik]
kameel (de)	deve	[deve]

bizon (de)	bizon	[bizon]
wisent (de)	Avrupa bizonu	[avrupa bizonu]
buffel (de)	manda	[manda]

zebra (de)	zebra	[zebra]
antilope (de)	antilop	[antilop]
ree (de)	karaca	[karadʒa]
damhert (het)	alageyik	[alagejik]
gems (de)	dağ keçisi	[daa ketʃisi]
everzwijn (het)	yaban domuzu	[jaban domuzu]

walvis (de)	balina	[balina]
rob (de)	fok	[fok]
walrus (de)	mors	[mors]
zeebeer (de)	kürklü fok balığı	[kyrkly fok balı:ı]
dolfijn (de)	yunus	[junus]

beer (de)	ayı	[ajı]
ijsbeer (de)	beyaz ayı	[bejaz ajı]
panda (de)	panda	[panda]

aap (de)	maymun	[majmun]
chimpansee (de)	şempanze	[ʃempanze]
orang-oetan (de)	orangutan	[orangutan]
gorilla (de)	goril	[goril]
makaak (de)	makak	[makak]
gibbon (de)	jibon	[ʒibon]

olifant (de)	fil	[fil]
neushoorn (de)	gergedan	[gergedan]
giraffe (de)	zürafa	[zyrafa]
nijlpaard (het)	su aygırı	[su ajgırı]

| kangoeroe (de) | kanguru | [kanguru] |
| koala (de) | koala | [koala] |

mangoest (de)	firavunfaresi	[fıravunfaresi]
chinchilla (de)	şinşilla	[ʃinʃilla]
stinkdier (het)	kokarca	[kokardʒa]
stekelvarken (het)	oklukirpi	[oklukirpi]

176. Huisdieren

poes (de)	kedi	[kedi]
kater (de)	erkek kedi	[erkek kedi]
hond (de)	köpek	[køpek]

paard (het)	at	[at]
hengst (de)	aygır	[ajgır]
merrie (de)	kısrak	[kısrak]

koe (de)	inek	[inek]
bul, stier (de)	boğa	[boa]
os (de)	öküz	[økyz]

schaap (het)	koyun	[kojun]
ram (de)	koç	[kotʃ]
geit (de)	keçi	[ketʃi]
bok (de)	teke	[teke]

| ezel (de) | eşek | [eʃek] |
| muilezel (de) | katır | [katır] |

varken (het)	domuz	[domuz]
biggetje (het)	domuz yavrusu	[domuz javrusu]
konijn (het)	tavşan	[tavʃan]

| kip (de) | tavuk | [tavuk] |
| haan (de) | horoz | [horoz] |

eend (de)	ördek	[ørdek]
woerd (de)	suna	[suna]
gans (de)	kaz	[kaz]

| kalkoen haan (de) | erkek hindi | [erkek hindi] |
| kalkoen (de) | dişi hindi | [diʃi hindi] |

huisdieren (mv.)	evcil hayvanlar	[evdʒil hajvanlar]
tam (bijv. hamster)	evcil	[evdʒil]
temmen (tam maken)	evcilleştirmek	[evdʒilleʃtirmek]
fokken (bijv. paarden ~)	yetiştirmek	[jetiʃtirmek]

boerderij (de)	çiftlik	[tʃiftlik]
gevogelte (het)	kümse hayvanları	[kymse hajvanları]
rundvee (het)	çiftlik hayvanları	[tʃiftlik hajvanları]
kudde (de)	sürü	[syry]

paardenstal (de)	ahır	[ahır]
zwijnenstal (de)	domuz ahırı	[domuz ahırı]
koeienstal (de)	inek ahırı	[inek ahırı]
konijnenhok (het)	tavşan kafesi	[tavʃan kafesi]
kippenhok (het)	tavuk kümesi	[tavuk kymesi]

177. Honden. Hondenrassen

hond (de)	köpek	[køpek]
herdershond (de)	çoban köpeği	[tʃoban køpei]
Duitse herdershond (de)	Alman Kurdu	[alman kurdu]
poedel (de)	kaniş	[kaniʃ]
teckel (de)	mastı	[mastı]
buldog (de)	buldok	[buldok]

boxer (de)	boksör köpek	[boksør køpek]
mastiff (de)	mastı	[mastı]
rottweiler (de)	rottweiler	[rotvejler]
doberman (de)	doberman	[doberman]

basset (de)	basset av köpeği	[basset av køpei]
bobtail (de)	bobtail	[bobtejl]
dalmatiër (de)	dalmaçyalı	[dalmatʃjalı]
cockerspaniël (de)	cocker	[koker]

| Newfoundlander (de) | Ternöv köpeği | [ternøv køpei] |
| sint-bernard (de) | senbernar | [senbernar] |

husky (de)	haski	[haski]
chowchow (de)	chow chow, Çin Aslanı	[tʃau tʃau], [tʃin aslanı]
spits (de)	Spitz	[ʃpits]
mopshond (de)	pug	[pag]

178. Dierengeluiden

geblaf (het)	havlama	[havlama]
blaffen (ww)	havlamak	[havlamak]
miauwen (ww)	miyavlamak	[mijavlamak]
spinnen (katten)	mırlamak	[mırlamak]

loeien (ov. een koe)	böğürmek	[bøjurmek]
brullen (stier)	böğürmek	[bøjurmek]
grommen (ov. de honden)	uğuldamak	[uuldamak]

gehuil (het)	uluma	[uluma]
huilen (wolf, enz.)	ulumak	[ulumak]
janken (ov. een hond)	çenilemek	[tʃenilemek]

mekkeren (schapen)	melemek	[melemek]
knorren (varkens)	domuz homurtusu	[domuz homurtusu]
gillen (bijv. varken)	acıyla havlamak	[adʒıjla havlamak]

kwaken (kikvorsen)	vakvak etmek	[vak vak etmek]
zoemen (hommel, enz.)	vızıldamak	[vızıldamak]
tjirpen (sprinkhanen)	çekirge sesi çıkarmak	[tʃekirge sesi tʃıkarmak]

179. Vogels

vogel (de)	kuş	[kuʃ]
duif (de)	güvercin	[gyverdʒin]
mus (de)	serçe	[sertʃe]
koolmees (de)	baştankara	[baʃtankara]
ekster (de)	saksağan	[saksaan]

raaf (de)	kara karga, kuzgun	[kara karga], [kuzgun]
kraai (de)	karga	[karga]
kauw (de)	küçük karga	[kytʃuk karga]

roek (de)	ekin kargası	[ekin kargası]
eend (de)	ördek	[ørdek]
gans (de)	kaz	[kaz]
fazant (de)	sülün	[sylyn]
arend (de)	kartal	[kartal]
havik (de)	atmaca	[atmadʒa]
valk (de)	doğan	[doan]
gier (de)	akbaba	[akbaba]
condor (de)	kondor	[kondor]
zwaan (de)	kuğu	[kuu]
kraanvogel (de)	turna	[turna]
ooievaar (de)	leylek	[lejlek]
papegaai (de)	papağan	[papaan]
kolibrie (de)	sinekkuşu	[sinek kuʃu]
pauw (de)	tavus	[tavus]
struisvogel (de)	deve kuşu	[deve kuʃu]
reiger (de)	balıkçıl	[balıktʃil]
flamingo (de)	flamingo	[flamingo]
pelikaan (de)	pelikan	[pelikan]
nachtegaal (de)	bülbül	[bylbyl]
zwaluw (de)	kırlangıç	[kırlangıtʃ]
lijster (de)	ardıç kuşu	[ardıtʃ kuʃu]
zanglijster (de)	öter ardıç kuşu	[øter ardıtʃ kuʃu]
merel (de)	karatavuk	[kara tavuk]
gierzwaluw (de)	sağan	[saan]
leeuwerik (de)	toygar	[tojgar]
kwartel (de)	bıldırcın	[bıldırdʒın]
specht (de)	ağaçkakan	[aatʃkakan]
koekoek (de)	guguk	[guguk]
uil (de)	baykuş	[bajkuʃ]
oehoe (de)	puhu kuşu	[puhu kuʃu]
auerhoen (het)	çalıhorozu	[tʃalı horozu]
korhoen (het)	kayın tavuğu	[kajın tavuu]
patrijs (de)	keklik	[keklik]
spreeuw (de)	sığırcık	[sıːırdʒık]
kanarie (de)	kanarya	[kanarja]
hazelhoen (het)	çil	[tʃil]
vink (de)	ispinoz	[ispinoz]
goudvink (de)	şakrak kuşu	[ʃakrak kuʃu]
meeuw (de)	martı	[martı]
albatros (de)	albatros	[albatros]
pinguïn (de)	penguen	[penguen]

180. Vogels. Zingen en geluiden

fluiten, zingen (ww)	ötmek	[øtmek]
schreeuwen (dieren, vogels)	bağırmak	[baırmak]
kukeleku	kukuriku	[kukuriku]

klokken (hen)	gıdaklamak	[gıdaklamak]
krassen (kraai)	gaklamak	[gaklamak]
kwaken (eend)	vakvak etmek	[vak vak etmek]
piepen (kuiken)	cıvıldamak	[dʒivıldamak]
tjilpen (bijv. een mus)	cıvıldamak	[dʒivıldamak]

181. Vis. Zeedieren

brasem (de)	çapak balığı	[tʃapak balı:ı]
karper (de)	sazan	[sazan]
baars (de)	tatlı su levreği	[tatlı su levrei]
meerval (de)	yayın	[jajın]
snoek (de)	turna balığı	[turna balı:ı]

zalm (de)	som balığı	[som balı:ı]
steur (de)	mersin balığı	[mersin balı:ı]

haring (de)	ringa	[ringa]
atlantische zalm (de)	som, somon	[som], [somon]
makreel (de)	uskumru	[uskumru]
platvis (de)	kalkan	[kalkan]

snoekbaars (de)	uzunlevrek	[uzunlevrek]
kabeljauw (de)	morina balığı	[morina balı:ı]
tonijn (de)	ton balığı	[ton balı:ı]
forel (de)	alabalık	[alabalık]
paling (de)	yılan balığı	[jılan balı:ı]
sidderrog (de)	torpilbalığı	[torpil balı:ı]
murene (de)	murana	[murana]
piranha (de)	pirana	[pirana]

haai (de)	köpek balığı	[køpek balı:ı]
dolfijn (de)	yunus	[junus]
walvis (de)	balina	[balina]

krab (de)	yengeç	[jengetʃ]
kwal (de)	denizanası	[deniz anası]
octopus (de)	ahtapot	[ahtapot]

zeester (de)	deniz yıldızı	[deniz jıldızı]
zee-egel (de)	deniz kirpisi	[deniz kirpisi]
zeepaardje (het)	denizatı	[denizatı]

oester (de)	istiridye	[istiridje]
garnaal (de)	karides	[karides]
kreeft (de)	ıstakoz	[ıstakoz]
langoest (de)	langust	[langust]

182. Amfibieën. Reptielen

slang (de)	yılan	[jılan]
giftig (slang)	zehirli	[zehirli]
adder (de)	engerek	[engirek]
cobra (de)	kobra	[kobra]
python (de)	piton	[piton]
boa (de)	boa yılanı	[boa jılanı]
ringslang (de)	çayır yılanı	[ʧajır jılanı]
ratelslang (de)	çıngıraklı yılan	[ʧırgıraklı jılan]
anaconda (de)	anakonda	[anakonda]
hagedis (de)	kertenkele	[kertenkele]
leguaan (de)	iguana	[iguana]
varaan (de)	varan	[varan]
salamander (de)	salamandra	[salamandra]
kameleon (de)	bukalemun	[bukalemun]
schorpioen (de)	akrep	[akrep]
schildpad (de)	kaplumbağa	[kaplumbaa]
kikker (de)	kurbağa	[kurbaa]
pad (de)	kara kurbağa	[kara kurbaa]
krokodil (de)	timsah	[timsah]

183. Insecten

insect (het)	böcek, haşere	[bøʤek], [haʃere]
vlinder (de)	kelebek	[kelebek]
mier (de)	karınca	[karınʤa]
vlieg (de)	sinek	[sinek]
mug (de)	sivri sinek	[sivri sinek]
kever (de)	böcek	[bøʤek]
wesp (de)	eşek arısı	[eʃek arısı]
bij (de)	arı	[arı]
hommel (de)	toprak yaban arısı	[toprak jaban arısı]
horzel (de)	at sineği	[at sinei]
spin (de)	örümcek	[ørymʤek]
spinnenweb (het)	örümcek ağı	[ørymʤek aı]
libel (de)	kız böceği	[kız bøʤei]
sprinkhaan (de)	çekirge	[ʧekirge]
nachtvlinder (de)	pervane	[pervane]
kakkerlak (de)	hamam böceği	[hamam bøʤei]
teek (de)	kene, sakırga	[kene], [sakırga]
vlo (de)	pire	[pire]
kriebelmug (de)	tatarcık	[tatarʤık]
treksprinkhaan (de)	çekirge	[ʧekirge]
slak (de)	sümüklü böcek	[symykly bøʤek]

krekel (de)	cırcır böceği	[dʒɪrdʒɪr bødʒei]
glimworm (de)	ateş böceği	[ateʃ bødʒei]
lieveheersbeestje (het)	uğur böceği	[uur bødʒei]
meikever (de)	mayıs böceği	[majɪs bødʒei]

bloedzuiger (de)	sülük	[sylyk]
rups (de)	tırtıl	[tɪrtɪl]
aardworm (de)	solucan	[soludʒan]
larve (de)	kurtçuk	[kurtʃuk]

184. Dieren. Lichaamsdelen

snavel (de)	gaga	[gaga]
vleugels (mv.)	kanatlar	[kanatlar]
poot (ov. een vogel)	ayak	[ajak]
verenkleed (het)	tüyler	[tyjler]
veer (de)	tüy	[tyj]
kuifje (het)	sorguç	[sorgutʃ]

kieuwen (mv.)	solungaç	[solungatʃ]
kuit, dril (de)	yumurta	[jumurta]
larve (de)	kurtçuk	[kurtʃuk]
vin (de)	yüzgeç	[juzgetʃ]
schubben (mv.)	pul, deri	[pul], [deri]

slagtand (de)	köpekdişi	[køpekdiʃi]
poot (bijv. ~ van een kat)	ayak	[ajak]
muil (de)	hayvan burnu	[hajvan burnu]
bek (mond van dieren)	ağız	[aɪz]
staart (de)	kuyruk	[kujruk]
snorharen (mv.)	bıyık	[bɪjɪk]

hoef (de)	toynak	[tojnak]
hoorn (de)	boynuz	[bojnuz]

schild (schildpad, enz.)	kaplumbağa kabuğu	[kaplumbaa kabuu]
schelp (de)	kabuk	[kabuk]
eierschaal (de)	yumurta kabuğu	[jumurta kabuu]

vacht (de)	tüy	[tyj]
huid (de)	deri	[deri]

185. Dieren. Leefomgevingen

leefgebied (het)	doğal ortam	[doal ortam]
migratie (de)	göç	[gøtʃ]

berg (de)	dağ	[daa]
rif (het)	resif	[resif]
klip (de)	kaya	[kaja]
bos (het)	orman	[orman]
jungle (de)	cengel	[dʒengel]

| savanne (de) | savana | [savana] |
| toendra (de) | tundura, tundra | [tundura], [tundra] |

steppe (de)	bozkır	[bozkır]
woestijn (de)	çöl	[tʃøl]
oase (de)	vaha	[vaha]

zee (de)	deniz	[deniz]
meer (het)	göl	[gøl]
oceaan (de)	okyanus	[okjanus]

moeras (het)	bataklık	[bataklık]
zoetwater- (abn)	tatlı su	[tatlı su]
vijver (de)	gölet	[gølet]
rivier (de)	nehir, ırmak	[nehir], [ırmak]

berenhol (het)	ayı ini	[ajı ını]
nest (het)	yuva	[juva]
boom holte (de)	kovuk	[kovuk]
hol (het)	in	[in]
mierenhoop (de)	karınca yuvası	[karındʒa juvası]

Flora

186. Bomen

boom (de)	ağaç	[aaʧ]
loof- (abn)	geniş yapraklı	[geniʃ japraklı]
dennen- (abn)	iğne yapraklı	[i:ine japraklı]
groenblijvend (bn)	her dem taze	[her dem taze]
appelboom (de)	elma ağacı	[elma aadʒı]
perenboom (de)	armut ağacı	[armut aadʒı]
zoete kers (de)	kiraz ağacı	[kiraz aadʒı]
zure kers (de)	vişne ağacı	[viʃne aadʒı]
pruimelaar (de)	erik ağacı	[erik aadʒı]
berk (de)	huş ağacı	[huʃ aadʒı]
eik (de)	meşe	[meʃe]
linde (de)	ıhlamur	[ıhlamur]
esp (de)	titrek kavak	[titrek kavak]
esdoorn (de)	akça ağaç	[akʧa aaʧ]
spar (de)	ladin	[ladin]
den (de)	çam ağacı	[ʧam aadʒı]
lariks (de)	melez ağacı	[melez aadʒı]
zilverspar (de)	köknar	[køknar]
ceder (de)	sedir	[sedir]
populier (de)	kavak	[kavak]
lijsterbes (de)	üvez ağacı	[yvez aadʒı]
wilg (de)	söğüt	[søjut]
els (de)	kızılağaç	[kızılaaʧ]
beuk (de)	kayın	[kajın]
iep (de)	karaağaç	[kara aaʧ]
es (de)	dişbudak ağacı	[diʃbudak aadʒı]
kastanje (de)	kestane	[kestane]
magnolia (de)	manolya	[manolja]
palm (de)	palmiye	[palmije]
cipres (de)	servi	[servi]
mangrove (de)	mangrov	[mangrov]
baobab (apenbroodboom)	baobab ağacı	[baobab aadʒı]
eucalyptus (de)	okaliptüs	[okaliptys]
mammoetboom (de)	sekoya	[sekoja]

187. Heesters

struik (de)	çalı	[ʧalı]
heester (de)	çalılık	[ʧalılık]

wijnstok (de)	üzüm	[yzym]
wijngaard (de)	bağ	[baa]

frambozenstruik (de)	ahududu	[ahududu]
zwarte bes (de)	siyah frenk üzümü	[sijah frenk yzymy]
rode bessenstruik (de)	kırmızı frenk üzümü	[kırmızı frenk yzymy]
kruisbessenstruik (de)	bektaşi üzümü	[bektaʃi yzymy]

acacia (de)	akasya	[akasja]
zuurbes (de)	diken üzümü	[diken yzymy]
jasmijn (de)	yasemin	[jasemin]

jeneverbes (de)	ardıç	[ardıtʃ]
rozenstruik (de)	gül ağacı	[gyl aadʒı]
hondsroos (de)	yaban gülü	[jaban gyly]

188. Champignons

paddenstoel (de)	mantar	[mantar]
eetbare paddenstoel (de)	yenir mantar	[jenir mantar]
giftige paddenstoel (de)	zehirli mantar	[zehirli mantar]
hoed (de)	baş	[baʃ]
steel (de)	ayak	[ajak]

eekhoorntjesbrood (het)	bir mantar türü	[bir mantar tyry]
rosse populierboleet (de)	kavak mantarı	[kavak mantarı]
berkenboleet (de)	ak ağaç mantarı	[ak aatʃ mantarı]
cantharel (de)	horozmantarı	[horoz mantarı]
russula (de)	çiğ yenen mantar	[tʃiːi jenen mantar]

morielje (de)	kuzu mantarı	[kuzu mantarı]
vliegenzwam (de)	sinek mantarı	[sinek mantarı]
groene knolamaniet (de)	köygöçüren mantarı	[køjgøtʃuren mantarı]

189. Vruchten. Bessen

vrucht (de)	meyve	[mejve]
vruchten (mv.)	meyveler	[mejveler]
appel (de)	elma	[elma]
peer (de)	armut	[armut]
pruim (de)	erik	[erik]

aardbei (de)	çilek	[tʃilek]
zure kers (de)	vişne	[viʃne]
zoete kers (de)	kiraz	[kiraz]
druif (de)	üzüm	[yzym]

framboos (de)	ahududu	[ahududu]
zwarte bes (de)	siyah frenk üzümü	[sijah frenk yzymy]
rode bes (de)	kırmızı frenk üzümü	[kırmızı frenk yzymy]
kruisbes (de)	bektaşi üzümü	[bektaʃi yzymy]
veenbes (de)	kızılcık	[kızıldʒık]

sinaasappel (de)	portakal	[portakal]
mandarijn (de)	mandalina	[mandalina]
ananas (de)	ananas	[ananas]
banaan (de)	muz	[muz]
dadel (de)	hurma	[hurma]

citroen (de)	limon	[limon]
abrikoos (de)	kayısı	[kajısı]
perzik (de)	şeftali	[ʃeftali]
kiwi (de)	kivi	[kivi]
grapefruit (de)	greypfrut	[grejpfrut]

bes (de)	meyve, yemiş	[mejve], [jemiʃ]
bessen (mv.)	yemişler	[jemiʃler]
vossenbes (de)	kırmızı yaban mersini	[kırmızı jaban mersini]
bosaardbei (de)	yabani çilek	[jabani tʃilek]
blauwe bosbes (de)	yaban mersini	[jaban mersini]

190. Bloemen. Planten

bloem (de)	çiçek	[tʃitʃek]
boeket (het)	demet	[demet]

roos (de)	gül	[gyl]
tulp (de)	lale	[lale]
anjer (de)	karanfil	[karanfil]
gladiool (de)	glayöl	[glajøl]

korenbloem (de)	peygamber çiçeği	[pejgamber tʃitʃei]
klokje (het)	çançiçeği	[tʃantʃitʃei]
paardenbloem (de)	hindiba	[hindiba]
kamille (de)	papatya	[papatja]

aloë (de)	sarısabır	[sarısabır]
cactus (de)	kaktüs	[kaktys]
ficus (de)	kauçuk ağacı	[kautʃuk aadʒı]

lelie (de)	zambak	[zambak]
geranium (de)	sardunya	[sardunija]
hyacint (de)	sümbül	[symbyl]

mimosa (de)	mimoza	[mimoza]
narcis (de)	nergis	[nergis]
Oost-Indische kers (de)	latin çiçeği	[latin tʃitʃei]

orchidee (de)	orkide	[orkide]
pioenroos (de)	şakayık	[ʃakajık]
viooltje (het)	menekşe	[menekʃe]

driekleurig viooltje (het)	hercai menekşe	[herdʒai menekʃe]
vergeet-mij-nietje (het)	unutmabeni	[unutmabeni]
madeliefje (het)	papatya	[papatja]
papaver (de)	haşhaş	[haʃhaʃ]
hennep (de)	kendir	[kendir]

munt (de)	nane	[nane]
lelietje-van-dalen (het)	inci çiçeği	[indʒi ʧiʧei]
sneeuwklokje (het)	kardelen	[kardelen]

brandnetel (de)	ısırgan otu	[ısırgan otu]
veldzuring (de)	kuzukulağı	[kuzukulaı]
waterlelie (de)	beyaz nilüfer	[bejaz nilyfer]
varen (de)	eğreltiotu	[eereltiotu]
korstmos (het)	liken	[liken]

oranjerie (de)	limonluk	[limonlyk]
gazon (het)	çimen	[ʧimen]
bloemperk (het)	çiçek tarhı	[ʧiʧek tarhı]

plant (de)	bitki	[bitki]
gras (het)	ot	[ot]
grasspriet (de)	ot çöpü	[ot ʧøpy]

blad (het)	yaprak	[japrak]
bloemblad (het)	taçyaprağı	[tatʃjapraı]
stengel (de)	sap	[sap]
knol (de)	yumru	[jumru]

scheut (de)	filiz	[filiz]
doorn (de)	diken	[diken]

bloeien (ww)	çiçeklenmek	[ʧiʧeklenmek]
verwelken (ww)	solmak	[solmak]
geur (de)	koku	[koku]
snijden (bijv. bloemen ~)	kesmek	[kesmek]
plukken (bloemen ~)	koparmak	[koparmak]

191. Granen, graankorrels

graan (het)	tahıl, tane	[tahıl], [tane]
graangewassen (mv.)	tahıllar	[tahıllar]
aar (de)	başak	[baʃak]

tarwe (de)	buğday	[buudaj]
rogge (de)	çavdar	[ʧavdar]
haver (de)	yulaf	[julaf]

gierst (de)	darı	[darı]
gerst (de)	arpa	[arpa]

maïs (de)	mısır	[mısır]
rijst (de)	pirinç	[pirinʧ]
boekweit (de)	karabuğday	[karabuudaj]

erwt (de)	bezelye	[bezelje]
nierboon (de)	fasulye	[fasulje]
soja (de)	soya	[soja]
linze (de)	mercimek	[merdʒimek]
bonen (mv.)	bakla	[bakla]

REGIONALE AARDRIJKSKUNDE

Landen. Nationaliteiten

192. Politiek. Overheid. Deel 1

politiek (de)	siyaset	[sijaset]
politiek (bn)	siyasi	[sijasi]
politicus (de)	siyasetçi	[sijasetʃi]
staat (land)	devlet	[devlet]
burger (de)	vatandaş	[vatandaʃ]
staatsburgerschap (het)	vatandaşlık	[vatandaʃlık]
nationaal wapen (het)	ulusal sembol	[ulusal sembol]
volkslied (het)	milli marş	[milli marʃ]
regering (de)	hükümet	[hykymet]
staatshoofd (het)	devlet başkanı	[devlet baʃkanı]
parlement (het)	meclis, parlamento	[medʒlis], [parlamento]
partij (de)	parti	[parti]
kapitalisme (het)	kapitalizm	[kapitalizm]
kapitalistisch (bn)	kapitalist	[kapitalist]
socialisme (het)	sosyalizm	[sosjalizm]
socialistisch (bn)	sosyalist	[sosjalist]
communisme (het)	komünizm	[komynizm]
communistisch (bn)	komünist	[komynist]
communist (de)	komünist	[komynist]
democratie (de)	demokrasi	[demokrasi]
democraat (de)	demokrat	[demokrat]
democratisch (bn)	demokratik	[demokratik]
democratische partij (de)	demokratik parti	[demokratik parti]
liberaal (de)	liberal	[liberal]
liberaal (bn)	liberal	[liberal]
conservator (de)	tutucu	[tutudʒu]
conservatief (bn)	tutucu	[tutudʒu]
republiek (de)	cumhuriyet	[dʒumhurijet]
republikein (de)	cumhuriyetçi	[dʒumhurijetʃi]
Republikeinse Partij (de)	cumhuriyet partisi	[dʒumhurijet partisi]
verkiezing (de)	seçim	[setʃim]
kiezen (ww)	seçmek	[setʃmek]

| kiezer (de) | seçmen | [setʃmen] |
| verkiezingscampagne (de) | seçim kampanyası | [setʃim kampanjası] |

stemming (de)	oy verme	[oj verme]
stemmen (ww)	oy vermek	[oj vermek]
stemrecht (het)	oy hakkı	[oj hakkı]

kandidaat (de)	aday	[adaj]
zich kandideren	aday olmak	[adaj olmak]
campagne (de)	kampanya	[kampanja]

| oppositie- (abn) | muhalif | [muhalif] |
| oppositie (de) | muhalefet | [muhalefet] |

bezoek (het)	ziyaret	[zijaret]
officieel bezoek (het)	resmi ziyaret	[resmi zijaret]
internationaal (bn)	uluslararası	[uluslar arası]

| onderhandelingen (mv.) | görüşmeler | [gøryʃmeler] |
| onderhandelen (ww) | görüşmek | [gøryʃmek] |

193. Politiek. Overheid. Deel 2

maatschappij (de)	toplum	[toplum]
grondwet (de)	anayasa	[anajasa]
macht (politieke ~)	iktidar	[iktidar]
corruptie (de)	rüşvetçilik	[ryʃvetʃilik]

| wet (de) | kanun | [kanun] |
| wettelijk (bn) | kanuni | [kanuni] |

| rechtvaardigheid (de) | adalet | [adalet] |
| rechtvaardig (bn) | adil | [adil] |

comité (het)	komite, kurul	[komite], [kurul]
wetsvoorstel (het)	kanun tasarısı	[kanun tasarısı]
begroting (de)	bütçe	[bytʃe]
beleid (het)	politika	[politika]
hervorming (de)	reform	[reform]
radicaal (bn)	radikal	[radikal]

macht (vermogen)	güç	[gytʃ]
machtig (bn)	güçlü	[gytʃly]
aanhanger (de)	taraftar, yandaş	[taraflar], [jandaʃ]
invloed (de)	etki	[etki]

regime (het)	rejim	[reʒim]
conflict (het)	tartışma, çatışma	[tartıʃma], [tʃatıʃma]
samenzwering (de)	komplo	[komplo]
provocatie (de)	tahrik	[tahrik]

omverwerpen (ww)	devirmek	[devirmek]
omverwerping (de)	devirme	[devirme]
revolutie (de)	devrim	[devrim]

staatsgreep (de)	darbe	[darbe]
militaire coup (de)	askeri darbe	[askeri darbe]

crisis (de)	kriz	[kriz]
economische recessie (de)	ekonomik gerileme	[ekonomik gerileme]
betoger (de)	gösterici	[gøsteridʒi]
betoging (de)	gösteri	[gøsteri]
krijgswet (de)	sıkıyönetim	[sikijonetim]
militaire basis (de)	askeri üs	[askeri ys]

stabiliteit (de)	istikrar	[istikrar]
stabiel (bn)	istikrarlı	[istikrarlı]

uitbuiting (de)	sömürme	[sømyrme]
uitbuiten (ww)	sömürmek	[sømyrmek]

racisme (het)	ırkçılık	[ırktʃılık]
racist (de)	ırkçı	[ırktʃı]
fascisme (het)	faşizm	[faʃizm]
fascist (de)	faşist	[faʃist]

194. Landen. Diversen

vreemdeling (de)	yabancı	[jabandʒı]
buitenlands (bn)	yabancı	[jabandʒı]
in het buitenland (bw)	yurt dışında	[jurt dıʃinda]

emigrant (de)	göçmen	[gøtʃmen]
emigratie (de)	göç	[gøtʃ]
emigreren (ww)	göç etmek	[gøtʃ etmek]

Westen (het)	Batı	[batı]
Oosten (het)	Doğu	[dou]
Verre Oosten (het)	Uzak Doğu	[uzak dou]

beschaving (de)	uygarlık	[ujgarlık]
mensheid (de)	insanlık	[insanlık]
wereld (de)	dünya	[dynja]
vrede (de)	huzur, barış	[huzur], [barıʃ]
wereld- (abn)	dünya	[dynja]

vaderland (het)	anayurt, vatan	[anajurt], [vatan]
volk (het)	millet, halk	[millet], [halk]
bevolking (de)	nüfus	[nyfus]
mensen (mv.)	halk, insanlar	[halk], [insanlar]
natie (de)	millet, ulus	[millet], [ulus]
generatie (de)	nesil	[nesil]

gebied (bijv. bezette ~en)	toprak	[toprak]
regio, streek (de)	bölge	[bølge]
deelstaat (de)	eyalet	[ejalet]

traditie (de)	gelenek	[gelenek]
gewoonte (de)	adet, gelenek	[adet], [gelenek]

ecologie (de)	ekoloji	[ekoloʒi]
Indiaan (de)	kızılderili	[kızılderili]
zigeuner (de)	çingene	[ʧingene]
zigeunerin (de)	çingene	[ʧingene]
zigeuner- (abn)	çingene	[ʧingene]
rijk (het)	imparatorluk	[imparatorluk]
kolonie (de)	koloni	[koloni]
slavernij (de)	kölelik	[kølelik]
invasie (de)	salgın	[salgın]
hongersnood (de)	açlık	[atʃlık]

195. Grote religieuze groepen. Bekentenissen

religie (de)	din	[din]
religieus (bn)	dini	[dini]
geloof (het)	inanç	[inanʧ]
geloven (ww)	inanmak	[inanmak]
gelovige (de)	inançlı	[inanʧlı]
atheïsme (het)	ateizm	[ateizm]
atheïst (de)	ateist	[ateist]
christendom (het)	Hıristiyanlık	[hiristijanlık]
christen (de)	hıristiyan	[hiristijan]
christelijk (bn)	hıristiyan	[hiristijan]
katholicisme (het)	Katoliklik	[katoliklik]
katholiek (de)	katolik	[katolik]
katholiek (bn)	katolik	[katolik]
protestantisme (het)	Protestanlık	[protestanlık]
Protestante Kerk (de)	Protestan kilisesi	[protestan kilisesi]
protestant (de)	protestan	[protestan]
orthodoxie (de)	Ortodoksluk	[ortodoksluk]
Orthodoxe Kerk (de)	Ortodoks kilisesi	[ortodoks kilisesi]
orthodox	ortodoks	[ortodoks]
presbyterianisme (het)	Presbiteryenlik	[presbiterjenlik]
Presbyteriaanse Kerk (de)	Presbiteryen kilisesi	[presbiterjen kilisesi]
presbyteriaan (de)	presbiteryen	[presbiterjen]
lutheranisme (het)	Lüteriyen kilisesi	[lyterjen kilisesi]
lutheraan (de)	lüteriyen	[lyterjen]
baptisme (het)	Vaftiz Kilisesi	[vaftiz kilisesi]
baptist (de)	vaftiz eden	[vaftiz eden]
Anglicaanse Kerk (de)	Anglikan kilisesi	[anglikan kilisesi]
anglicaan (de)	anglikan	[anglikan]
mormonisme (het)	Mormonluk	[mormonluk]
mormoon (de)	mormon	[mormon]

Jodendom (het)	Yahudilik	[jahudilik]
jood (aanhanger van het Jodendom)	Yahudi	[jahudi]
boeddhisme (het)	Budizm	[budizm]
boeddhist (de)	budist	[budist]
hindoeïsme (het)	Hinduizm	[hinduizm]
hindoe (de)	Hindu	[hindu]
islam (de)	İslam	[islam]
islamiet (de)	müslüman	[myslyman]
islamitisch (bn)	müslüman	[myslyman]
sjiisme (het)	Şiilik	[ʃi:ilik]
sjiiet (de)	Şii	[ʃi:i]
soennisme (het)	Sünnilik	[synnilik]
soenniet (de)	Sünni	[synni]

196. Religies. Priesters

priester (de)	papaz	[papaz]
paus (de)	Papa	[papa]
monnik (de)	rahip	[rahip]
non (de)	rahibe	[rahibe]
pastoor (de)	Protestan papazı	[protestan papazı]
abt (de)	başrahip	[baʃrahip]
vicaris (de)	bölge papazı	[bølge papazı]
bisschop (de)	piskopos	[piskopos]
kardinaal (de)	kardinal	[kardinal]
predikant (de)	hatip, vaiz	[hatip], [vaiz]
preek (de)	vaaz	[vaaz]
kerkgangers (mv.)	cemaat	[dʒemaat]
gelovige (de)	inançlı	[inantʃlı]
atheïst (de)	ateist	[ateist]

197. Geloof. Christendom. Islam

Adam	Âdem	[adem]
Eva	Hava	[hava]
God (de)	Allah	[allah]
Heer (de)	Tanrı	[tanrı]
Almachtige (de)	Her şeye kadir	[her ʃeje kadir]
zonde (de)	günah	[gynah]
zondigen (ww)	günah işlemek	[gynah iʃlemek]

| zondaar (de) | günahkâr | [gynahkjar] |
| zondares (de) | günahkâr | [gynahkjar] |

| hel (de) | cehennem | [dʒehennem] |
| paradijs (het) | cennet | [dʒennet] |

| Jezus | İsa | [isa] |
| Jezus Christus | İsa Mesih | [isa mesi] |

Heilige Geest (de)	Kutsal Ruh	[kutsal ruh]
Verlosser (de)	Kurtarıcı	[kurtarıdʒı]
Maagd Maria (de)	Meryem Ana	[merjem ana]

duivel (de)	Şeytan	[ʃejtan]
duivels (bn)	şeytani, şeytanın	[ʃejtani], [ʃejtanın]
Satan	Şeytan	[ʃejtan]
satanisch (bn)	şeytani, şeytanca	[ʃejtani], [ʃejtandʒa]

engel (de)	melek	[melek]
beschermengel (de)	koruyucu melek	[korujudʒu melek]
engelachtig (bn)	melek gibi	[melek gibi]

apostel (de)	havari	[havari]
aartsengel (de)	baş melek	[baʃ melek]
antichrist (de)	deccal	[dedʒal]

Kerk (de)	Kilise	[kilise]
bijbel (de)	İncil	[indʒil]
bijbels (bn)	İncile ait	[indʒile ait]

Oude Testament (het)	Eski Ahit	[eski ahit]
Nieuwe Testament (het)	Yeni Ahit	[jeni ahit]
evangelie (het)	İncil	[indʒil]
Heilige Schrift (de)	Kitabı Mukaddes	[kitabı mukaddes]
Hemel, Hemelrijk (de)	Cennet	[dʒennet]

gebod (het)	buyruk	[bujruk]
profeet (de)	peygamber	[pejgamber]
profetie (de)	peygamberlik	[pejgamberlik]

Allah	Allah	[allah]
Mohammed	Muhammed	[muhammed]
Koran (de)	Kuran	[kuran]

moskee (de)	cami	[dʒami]
moellah (de)	molla	[molla]
gebed (het)	dua	[dua]
bidden (ww)	dua etmek	[dua etmek]

pelgrimstocht (de)	hacılık	[hadʒılık]
pelgrim (de)	hacı	[hadʒı]
Mekka	Mekke	[mekke]

kerk (de)	kilise	[kilise]
tempel (de)	ibadethane	[ibadethane]
kathedraal (de)	katedral	[katedral]

gotisch (bn)	**gotik**	[gotik]
synagoge (de)	**sinagog**	[sinagog]
moskee (de)	**cami**	[dʒami]
kapel (de)	**ibadet yeri**	[ibadet jeri]
abdij (de)	**manastır**	[manastır]
nonnenklooster (het)	**rahibe manastırı**	[rahibe manastırı]
mannenklooster (het)	**manastır**	[manastır]
klok (de)	**çan**	[tʃan]
klokkentoren (de)	**çan kulesi**	[tʃan kulesi]
luiden (klokken)	**çalmak**	[tʃalmak]
kruis (het)	**haç**	[hatʃ]
koepel (de)	**kubbe**	[kubbe]
icoon (de)	**ikon**	[ikon]
ziel (de)	**ruh**	[ruh]
lot, noodlot (het)	**kader**	[kader]
kwaad (het)	**kötülük**	[køtylyk]
goed (het)	**iyilik**	[ijilik]
vampier (de)	**vampir**	[vampir]
heks (de)	**cadı**	[dʒadı]
demoon (de)	**iblis**	[iblis]
geest (de)	**ruh**	[ruh]
verzoeningsleer (de)	**kefaretini ödeme**	[kefaretini ødeme]
vrijkopen (ww)	**kefaretini ödemek**	[kefaretini ødemek]
mis (de)	**hizmet**	[hizmet]
de mis opdragen	**vaaz vermek**	[vaaz vermek]
biecht (de)	**günah çıkartma**	[gynah tʃıkartma]
biechten (ww)	**günah çıkartmak**	[gynah tʃıkartmak]
heilige (de)	**aziz**	[aziz]
heilig (bn)	**kutsal**	[kutsal]
wijwater (het)	**kutsal su**	[kutsal su]
ritueel (het)	**tören, ritüel**	[tøren], [rityel]
ritueel (bn)	**kuttören**	[kyttøren]
offerande (de)	**kurban**	[kurban]
bijgeloof (het)	**batıl inanç**	[batıl inantʃ]
bijgelovig (bn)	**batıl inancı olan**	[batıl inandʒı olan]
hiernamaals (het)	**ölüm sonrası hayat**	[ølym sonrası hajat]
eeuwige leven (het)	**ebedi hayat**	[ebedi hajat]

DIVERSEN

198. Diverse nuttige woorden

achtergrond (de)	fon	[fon]
balans (de)	denge	[denge]
basis (de)	temel	[temel]
begin (het)	başlangıç	[baʃlangɪtʃ]
beurt (wie is aan de ~?)	sıra	[sɪra]

categorie (de)	kategori	[kategori]
comfortabel (~ bed, enz.)	rahat	[rahat]
compensatie (de)	tazmin	[tazmin]
deel (gedeelte)	kısım	[kɪsɪm]

deeltje (het)	küçük bir parça	[kytʃuk bir partʃa]
ding (object, voorwerp)	eşya	[eʃja]
dringend (bn, urgent)	acil	[adʒil]
dringend (bw, met spoed)	acele	[adʒele]
effect (het)	tesir	[tesir]

eigenschap (kwaliteit)	özellik	[øzellik]
einde (het)	son	[son]
element (het)	eleman	[eleman]
feit (het)	gerçek	[gertʃek]
fout (de)	hata	[hata]

geheim (het)	sır	[sɪr]
graad (mate)	derece	[deredʒe]
groei (ontwikkeling)	büyüme	[byjume]
hindernis (de)	engel	[engel]
hinderpaal (de)	engel	[engel]

hulp (de)	yardım	[jardɪm]
ideaal (het)	ideal	[ideal]
inspanning (de)	çaba	[tʃaba]
keuze (een grote ~)	seçme	[setʃme]
labyrint (het)	labirent	[labirent]

manier (de)	usul	[usul]
moment (het)	an	[an]
nut (bruikbaarheid)	fayda	[fajda]
onderscheid (het)	farklılık	[farklɪlɪk]

ontwikkeling (de)	gelişme	[geliʃme]
oplossing (de)	çözüm	[tʃøzym]
origineel (het)	asıl	[asɪl]
pauze (de)	ara	[ara]
positie (de)	vaziyet	[vazijet]
principe (het)	prensip	[prensip]

probleem (het)	**problem**	[problem]
proces (het)	**süreç**	[syretʃ]
reactie (de)	**tepki**	[tepki]

reden (om ~ van)	**neden**	[neden]
risico (het)	**risk**	[risk]
samenvallen (het)	**tesadüf**	[tesadyf]
serie (de)	**seri**	[seri]

situatie (de)	**durum**	[durum]
soort (bijv. ~ sport)	**çeşit**	[tʃeʃit]
standaard (bn)	**standart**	[standart]
standaard (de)	**standart**	[standart]
stijl (de)	**tarz**	[tarz]

stop (korte onderbreking)	**ara**	[ara]
systeem (het)	**sistem**	[sistem]
tabel (bijv. ~ van Mendelejev)	**tablo**	[tablo]
tempo (langzaam ~)	**tempo**	[tempo]
term (medische ~en)	**terim**	[terim]

type (soort)	**tip**	[tip]
variant (de)	**versiyon**	[versjon]
veelvuldig (bn)	**sık**	[sık]
vergelijking (de)	**karşılaştırma**	[karʃılaʃtırma]
voorbeeld (het goede ~)	**örnek**	[ørnek]

voortgang (de)	**ilerleme**	[ilerleme]
voorwerp (ding)	**nesne**	[nesne]
vorm (uiterlijke ~)	**şekil**	[ʃekil]
waarheid (de)	**hakikat**	[hakikat]
zone (de)	**bölge**	[bølge]